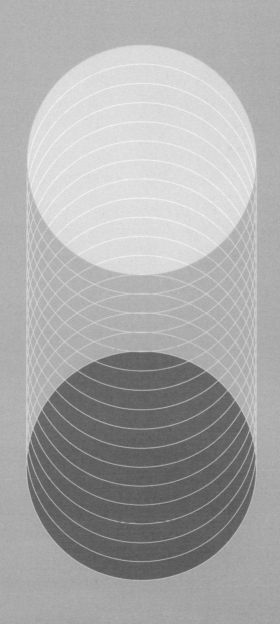

往／返／第二空間

網路與精神分析

蔡文瑞、魏與晟、陳昌偉、王明智、王盈彬——著

目　錄

5　序│網路與我：一段經驗分享　　/ 單瑜

11　漫遊無限網路空間
　　是什麼讓人流連忘返？　/ 蔡文瑞

27　失落中誕生的網路宅文化
　　他們在數位世界裡捉迷藏　/ 魏與晟

53　「i defense」
　　當防衛不再是心理操作，而是滑一下就可付諸的真實行動　/ 陳昌偉

81　網路的身體經驗
　　全能的身體做著漂浮的夢，半人半神的賽博格玩著分析的遊戲　/ 王明智

107　用餘溫創造溫度
　　網路之中，我們更近了，還是更遠了？　/ 王盈彬

往 / 返 / 第二空間

序｜單瑜

網路與我：一段經驗分享

　　臨危受命，我接到必須為這本集結五位講者，根據工作坊講演撰寫的書籍寫序。雖然這場「網路與精神分析」活動我全程參與，但講者們講演的內容從各個面向以及豐富的精神分析論點，開啟關於網路與人類生活的討論。一時間，要寫序，還真不知道從何說起，或是要說些什麼。於是，我第一時間就拿起我的手機，開啟網路，然後，就是一連串無法停止的網路搜尋。是的，「網路」就是那麼深入在我們的生活之中。不知道是幸或不幸，這場討論「網路」的活動因為疫情的影響，不得不以最網路時代的形式進行：線上視訊會議。或許，就從我在這場網路視訊會議的經驗開始分享。

　　作為這場工作坊上午場的主持人，我有一個特別的經驗——活動規定參與者必須全程在視訊鏡頭前露臉，因此無論是講者還是聽眾，在鏡頭前都無法隱藏自己的表情／表現。作為活動的主持人，在一開始引言介紹完第一位講者後，我會一直在視窗中即時看見自己的上半身以及表情。不知是否為幻覺，在活動開始沒多久，我就感覺到腳

邊似乎有蚊子在飛繞，雖然我穿長褲，但從小腿邊仍然傳上來隱隱的癢感。無論我晃動雙腳，或是用最不經意的方式低頭確認，那種在皮膚上有東西纏繞、爬行的感覺仍是揮之不去，甚至愈來愈強烈。不知道是否是講者的題材內容極具感染力，我分不清注意力是集中在畫面上力求鎮定的自己，或者是畫面之外苦於無法解脫癢感，又不希望在鏡頭前表現得太大動作的另一個自己。在那一刻，我突然有一種奇妙的、怪誕的感受。

佛洛伊德1919年發表過一篇文章〈Das Unheimliche〉[1]，探討起自Ernst Jentsch一篇論文〈Zur Psychologie des Unheimlichen〉（1906）的概念：The uncanny。佛洛伊德從Unheimlich的字源出發，揭示了heimlich一詞的雙重性，具有家族的、親密的、熟悉的詞意，同時又有著隱蔽的、私密的意思。簡而言之，這個詞閱讀上有著既熟悉的，卻又有想隱藏起來、不可告人或是無法探究的意涵。而德文字詞Unheimlich加上Un-似乎強化了原詞heimlich中鏡像的否定、潛藏的意義。佛洛伊德在文章中進一步提出「the double」的概念，可以理解為與自我「相似的替身」，在發展的過程中透過自我的倍化、分裂、互換，外部的替身代替了自己。這個複本替身（the double）可以在

---

[1] 〈Das Unheimliche〉是佛洛依德發表於1919年的文章，英文版翻譯作〈The Uncanny〉。這個德文字字面上相當於英文的「unhomely」，但英文語意上卻會有「不家常」的意思，因此英文版譯作「uncanny」，有不自然、怪誕的、神秘的......等意思。中文翻譯有宋文里譯作〈不可思議之事〉的譯本（《重讀佛洛伊德》，心靈工坊2018出版）。

自我發展的不同階段中獲得新的意義，並且成為具有監察、評價自我的精神機制。因此，起源自幼兒時期的原初自戀，當克服了這個階段後，這個複本替身從而獲得不朽性的保證而成為抗拒滅絕、死亡的先驅。

　　蔡文瑞的文章回顧了日本youtuber栗城史多的生命歷程。在經歷離別、逝去的經驗後，這位youtuber將注意力完全投入在登山的挑戰與網路直播分享。栗城史多以挑戰高峰的冒險作為自我成長的歷練，透過網路傳播影像的畫面在網路世界上永久留存。雖然這位冒險家最後於登山遇難過世，但透過網路影像，我們經歷了他彷若自我形塑的過程，以及感受到對於死亡的拒斥與流傳後世的「不朽」想像。

　　魏與晟的演講特色或許較難以文字呈現。他透過網路影像以自創的虛擬人物來進行他的講演。他的內容將網路的連結類比於母嬰關係的想像，重新闡述了數位時代的依附關係。

　　在網路還未出現的百年之前，科幻作品《未來的夏娃》[2]這部小說的創作者、發明家在故事裡創造了仿生人（android）。這是一個依照人的欲望所創造的完美女人，既聰慧又美麗，但即使如此，故事中的角色/作者還是困惑於是否已經找到了想像中的完美愛情，或者愛情的完美

---

[2] 《未來夏娃》（L'Ève future）由作家Auguste Villiers de l'Isle-Adam撰寫的科幻小說，首次出版於1886年。書中創造了「android」一詞，用來命名外觀像是人類的仿生人，近世則是用作行動裝置的系統名稱。

僅僅是一種想像？

　　網路時代的互動、連結與交往，有著各種虛實難判的經驗。各種虛擬角色的具象化，讓虛擬的事物更顯真實，而真實事物又增添了想像的色彩，甚至，讓我們自省身處其中的自我是否為真？或是自我為何？從佛洛伊德複本替身的概念出發，我們從拉岡的「鏡像階段論」、「他者」（autre/Autre）了解到他者對於自我認同的重要意義。虛擬替身的具象化之中投注了我們的欲望，並且成為一種認同的過程。

　　關於欲望的滿足以及不滿足，透過網路快速即時性的傳播，這牽涉到自戀，以及哀悼。陳昌偉做了細膩的討論，在她的文章裡，透過對於真與假的辯證思考，我們似乎從網路經驗中找到另種屬於幻想的真實。

　　回到一開始在網路視訊會議中，我所感覺到奇妙的、怪誕的感受。面對螢幕中那個我的當下，除了無以名之的感受外，有一個更具體的感官經驗是癢。當我所有的注意力都聚焦在身體上的癢感，似乎從自我發散出去的欲望回到自身，那個原初自戀的狀態，或者是一種介於觀照替身與自我間的游移狀態。王明智的文章論述了一種「身體觀」，以身體與空間作比喻在其中游移，讓我們在想像中經歷了網路世界。

　　佛洛伊德描述過一段生活中很平凡的重複：一個夏天的午後，他走在義大利的偏僻小鎮，這個小鎮對他來說應

該是陌生的。他發現自己進入了一個區域，一個濃妝豔抹的妓女坐在窗口，於是他在下一個轉口處匆忙離去。在漫步了一段時間後，他發現自己再次出現在這個區域，他急忙走開。又經歷了一些迂迴路程，竟然又再次出現在這個區域。來來去去，不經意地一次又一次重回陌生小鎮裡的同一個區域，一種奇怪的、不可思議的感覺湧上心頭。

這種回還反覆地重複之所以讓人感到不安，或許正是因為那個重複的陌生卻又熟悉的感覺，讓人不經意地重複著無意識中壓抑潛藏的經驗。熟悉又陌生的事物反覆出現正如神經症的症狀，一種似乎在劫難逃的感覺刻入了我們的信念。

王盈彬從治療的設置在疫情開始後發生的改變出發；從廣泛的社會現象談到分析師施作精神分析的場域；從作為治療者一開始對於改變所感到的不安，細細剖析治療設置改變的三個不同層次，並論述空間、距離感與自我的多重性（Multiplicity of self）；從外在世界的改變到治療室中的改變回還反覆，這樣的論述形式讓人重新體驗無意識探索的深層不安。

最後，我想以「Unheimlich」的感受作結。無論是在網路、治療室，或者是現實世界，那種不可思議的、奇妙的、怪誕的感受正是所有人返家（heim）的入口。那個曾經熟悉（heimlich）的地方，加上字首un-即是受到壓抑的表徵。反覆試探那個受壓抑的、秘密的、熟悉的經驗，壓

抑而復返，正是這樣的入口引領我們進入生命早期生活的
地方。

完成這篇序文後，我又數次重讀自己所寫的文章。反
覆刪改之中，這篇文章讓我感覺既陌生又熟悉。有幾段句
子，看了都懷疑自己是否真的曾寫下這樣的字句？這篇文
章彷如分身，但無疑是我。又是一種「unheimlich」的感
受，但此刻我似乎有了新的觀察。希望閱讀此書的你，也
能深刻體驗、理解這樣的感受。

單瑜

精神科醫師
台灣大學醫學院醫學士
臺灣精神分析學會會員

漫遊無限網路空間

是什麼讓人流連忘返？

蔡文瑞

臨床心理師

佳欣診所

臺灣精神分析學會會員

網路很容易實現幻想，開創一個人的「線上」人生，但難以想像，有人可能會為了網路上的人生付出生命，逐漸地「獻上」人生。看似「無限」的網路，是讓人擁有更多種可能性，還是最終成為「限上」人生呢？

　　1969年誕生的網路，距離現在不過50多年，如今，對多數人而言，網路已經成為生活中理所當然的存在。網路具有「無限」的特質——無論是從實體的「有線」變成了「無線」，還是技術層面日益更新的搜尋引擎和雲端共享，乃至於透過客製的化身（avatar）影像，網路所展現的迷人魅力，都是對現實限制的種種挑戰與突破。

　　當網路提供的滋養，高度地灌注了希望和能量，人們往往會忽略現實的邊界與遺憾是一線之隔；挑戰和突破是重要的，接受和放棄也有同等價值——臨床上有繭居族，網路上則有從事危險直播的網紅（youtuber）。為什麼這群人需要從網路上汲取源源不絕的支持力量，以避開與現實和平共處的時光？「無限」的吸引力，以及心靈深處可能藏有什麼東西？或許，漫遊在迷航裡要走得下去，需要的不是答案，而是某些可以參照的方向。

點擊、填寫、登入，開啟「線上」人生

　　關於網路，我先從一個回憶談起。對六、七年級生而言，網路最熟悉的就是數據機的撥接音「登登登～巜一巜一～嘰機機～」。在2012年，五月天還沒唱《第二人生》之前，網路用戶早已在「無名小站」、「尋夢園」、「即時通」，或是「奇摩家族」等各種時代眼淚裡，嘗試一件件現實生活裡不敢做或做不到的事情；相較於現在琳琅滿目的手遊選擇，當時獨霸網路遊戲的《天堂》、《石器時代》，

以及《魔力寶貝》裡，暗藏著許多人放學或下班後的新身份。無處抒發的哀愁，一方角色的霸主，光靠手指努力、累積經驗值就能升等，享受成就感，還有會當兵的「網婆」，這在當時不僅是新奇，且滿足了個體的內在需求。時至今日，上網已是習以為常的事，各種功能更超乎現實想像：網路遊戲靠內建的自動練功程式就可以升等；濾鏡的使用讓人們在鏡頭前，眼見不一定為真。但這些似乎無損於人們對網路的依賴，我們需要網路來滿足一些無關真假或好壞的慾望，如同我們理智上知道每個人的內在世界都是主觀且獨特的，但在情感上，幾乎所有人都會對自己身份的某些面向感到羞恥、內疚、恐懼、焦慮或是仇恨，並且欣然接受和肯定積極的理想化想像，甚至在重大挫折與失望底下，那些無法被理解的灰心和低落（偶爾還伴隨著羞愧感），讓個體的內在世界逐漸變成只接受理想化價值觀才能發言的獨裁者，飄蕩在否定自己的慾望和否定世界的期待之間。不被接受的慾望和情感在內在世界裡流浪，等待可以被接納的歸屬地，或師出有名的抗爭時機。

　　網路的空間為這樣的獨裁世界開啟了一道曙光，安全地展現隱形者的「各式樣貌」；有人因為害羞，平常無法表達情愫，在網路上卻可以積極地與人連結，參加交友活動或支持團體；有人會將自己Cosplay或二創的作品放在社群上討論，試圖在別人的眼光下，刷自我的存在感。

但另一方面，也有人用傷害或侵犯他人權利的方式，釋放和轉移日常裡感受到的憤怒及無用感，譬如「酸民」、「鍵盤俠」或是使用deepfake換臉技術從事不法的行為。

　　網路之所以能讓個體自在展現平常難以接受的特質，要歸功於網路的匿名特性，不吐露身份不但能讓個體控制想要表現的範圍，同時還可以隱藏不被發現的關鍵特徵，維持著想要觀察又不想被看見的全能願望（也許還有部分的偷窺慾）。真實和虛擬的比例全都由個體拿捏，既可以選擇在某些專業群組裡展示真實的自己（你大概不會想在公司或公會群組假裝自己是其他人），也可以在遊戲世界中設置一個虛擬角色（甚至被鼓勵要這麼做）隨心所欲。

　　某些社群軟體可以改變個人的一部分資料，同時保留其它的真實特徵。不過什麼是真實、什麼是虛擬呢？一個人的真實身份又是什麼？回答這些問題並不容易。一般我們會假設，一個人在日常生活表現是有意識地體驗自我狀態，這是「真實的自我」。然而，如果我們夠誠實，是可以發現在不同的場合，我們會自然而然地戴著面具，內外不一和人互動；隱藏的部分，或許是自認不適合在當下的場合出現，也或許是有不想（不敢）讓別人知道的內幕，更有可能是自己從來沒有意識到的性格層面，像是精神分析在臨床上發現，人們透過白日夢和幻想來揭露內心底層的需要，以及一廂情願的想法。如果人們將平常放棄或隱藏的幻想帶進網路世界，某種程度而言，會不會網路人生

還比日常生活更顯得「真實」呢？

　　人們如何選擇網路世界，就如同人們在網路世界中如何展現自己；選擇在哪個網路世界遊歷或設置頭像/角色的時候，很少有人能夠意識到這些決定背後的情感價值，正因為可以為所欲為，才得以讓潛藏的願望透過迂迴的方式呈現，就如同我們的潛意識願望，需要偽裝才能進入意識層面。這過程如此自然，以至於很難讓人意識到，人們是如何分離內在的某一部分投入網路世界，更沒辦法理解這背後隱藏的象徵意義。曾與青少年工作過的臨床者應該都不陌生，他們往往需要一邊玩手遊，一邊才能同時進行會談。若詢問他們玩的遊戲、角色、能力、跟誰玩、誰有在玩……，也許會意外地發現，這些內容都與他們內心的渴望有關；有些青少年特別會選擇血很厚[1]的坦克型角色，有些人則喜歡可以偷偷潛入敵方陣營的忍者型。

　　多年前我在診療室裡曾詢問過一個長期住在親戚家的孩子：「你在玩的手遊，還有誰在玩呢？」他回答：「舅舅和他的兒子以前有玩，但我那時沒跟他們玩，現在他們已經沒有在玩了。」一種渴望靠近，卻不知道真正靠近之後會發生什麼事的矛盾，似乎藉由網路遊戲既共享又獨立的特殊性質而消解——在診療室內邊玩手遊、邊交談也是同樣的心態。有經驗的治療師都能想像，直接詢問青少年問題的下場，通常只會得到「你想太多了」、「就只是遊

---

[1] 代表血量高，可以承受比較多傷害，不會馬上失血死亡。

戲」、「想玩就玩啊」的答案；抵抗任何「自我覺察」的好處，是讓使用者感到能夠控制內在心智的衝突元素，達到線上與線下的生活平衡，雖然這通常只是他們的錯覺，以為這樣可以把失落的、難以接受的、渴望的情感完全投注到網路世界──他們過度放大了掌控網路就是掌控生活能力的幻覺。

不過，還是有人可以有意識地決定，在網路世界裡要成為什麼樣的人，而有人一開始是模糊地意識到自己的選擇，但在經驗回饋下，變得愈來愈清楚；能做到這部分，需要個體有意識地理解，並願意碰觸潛意識的願望──那些是令自己難以接受的想法和情感的挑戰。

網紅、直播，為網路「獻上」人生

隨著網路速度升級，以及各種設備軟體不斷地研發，網路已不再像從前，只有在電腦前面才可以使用。手機和平板的普遍，讓網路與生活幾乎零距離，「網紅」與「直播」的竄起，進一步強調即時性的體驗。有些直播主會陪著觀眾伴唱或聊天，有些則進行真槍實彈的冒險，例如在沒有保護措施下，攀登高樓或峭壁。他們可能是為了收入、為了點擊率、為了成名，但有沒有可能其中帶有更深沉的意涵，可以讓我們進一步探索和借鏡？

我在看了公視主題之夜《PO到死》紀錄片之後，決定帶著敬意，參考日本網紅登山家的自傳，也就是栗城史多

（Nobukazu Kuriki）的生命故事，深入探討網路的特性；這是我個人在有限的資料中，主觀的詮釋，希望讀者能聚焦於主角的內在與網路世界的連結，並理解這些說法與外在現實仍有很大的落差，因此以下的敘述並無法完全代表真實的栗城史多這個人。

　　1982年出生在日本北海道的栗城史多，許多人知道的是他的另一個外號「一指登山家」。為何是一指？因為栗城史多攻頂聖母峰八次，在2012年第四次攻頂時，天候過於嚴峻，因此受凍傷而失去九隻手指頭的大部分，但他仍堅持繼續攀登。栗城史多自2009年開始，以「冒險的共享」為口號、「單獨無氧攀登聖母峰」當作目標，嘗試透過網路直播，將攻頂時的美景或勝利即時播映給網友看。然而運氣並沒有站在栗城史多這邊，單獨攀登、不使用氧氣瓶、帶著直播設備，以及選擇艱苦的路線（而非較安全的路線）前進，種種不利的條件，最終讓栗城史多在第八次的挑戰時殞命。栗城史多替眾多支持者帶來生命的鼓舞，但也有許多嚴厲批評者，指責栗城史多的自我包裝和注定失敗。網友兩極化的肯定與貶損，似乎重複了栗城史多曾經歷的榮耀與挫敗，這些可以從他的自傳看出一些端倪。

　　栗城史多2009年出版《一步向前的勇氣》裡自述，高中之前，他像太陽影子般的存在，不出類拔萃，卻有著一種耀眼。栗城史多讀高一時，第一次嘗試創作的話劇表演，

榮獲了劇本獎和導演獎，這無疑給了栗城史多一個大大的肯定。接連得獎的栗城史多，到高三時已經藉由他的話劇表演，在校慶打敗升學班，替班上拿到綜合優勝的殊榮，讓栗城史多種下想要成為編劇的種子。不過栗城史多並沒有在高中畢業後立刻進入大學，或許是因為那段時間正逢母親罹癌過世，過於哀慟，栗城史多休學一年在東京親戚家打工，他稱之為「空白時期」。他不諱言，那段時期造就後來「前往喜馬拉雅山的栗城史多」。

　　那一年，栗城史多經歷打工時被誤會偷錢、當保全做著全年無休的工作，在空虛和飄搖的心情中，支持著栗城史多的是高三時交往的一位大他兩歲的女孩。這位女孩的愛好是登山和滑雪。在栗城史多打工的這一年，他總是從東京坐好幾個小時的車來到北海道見她。栗城史多形容：「……她總是在山裡，即使我特地花了好幾個小時來見也見不到……，對她的思念也更加強烈……。」栗城史多想努力成為對方理想的結婚對象，但他進入札幌大學後，女孩跟他提出了分手，困惑的栗城史多將自己關在房間裡，一個多禮拜沒有出門，被子上都長出了黑色的黴菌。之後栗城史多像是進入躁症防衛（manic defense）一般，在大三時一絲不掛地在演講的大舞台上彈吉他、帶領足球部和空手道部的學弟拼酒、全裸吵鬧，彷彿各種的喧嘩肇事只為了掩蓋無言的傷痛。

　　就在當時，栗城史多看到登山社徵人的告示牌，心裡

想：「身材嬌小的女孩為什麼要去那麼危險的地方？」、「人為什麼要登山？」，這是栗城史多踏上登山的起點。為了要讓別人看見「活下去的力量」，栗城史多堅持只用網路直播的方式出現，並且堅持單獨攀登。

透過沒有邊際的網路，栗城史多心裡到底想要什麼東西「被看見」？被「誰」看見？又是什麼東西「沒」被看見？或許我們可以從「要被別人看見活下去的力量」這件事繼續往下想。

為了活下去，要接受怎樣的「限上」人生？

藉由栗城史多的故事，我想談談精神分析對於「活下去」的想像，就從最原初的時候談起吧！大家試著體會看看，嬰兒誕生後的最初狀態，舒服與不舒服的感受，唯一攸關的，是不是「能否生存下去」？由此我們能夠理解，嬰兒飢餓時發出的哭聲，何以如此宏亮！隨著嬰兒慢慢長大，透過吸吮手指頭，幻想那是供應乳汁的奶頭，藉此緩解可能被滅亡的焦慮，他們靠著自己的方式學習等待。從心理結構ego（自我）的運作來說，嬰兒以想像力代替外部「真實」的環境打擊，讓幻想發揮作用，不至於一下子被現實的恐懼淹沒。但想要以幻想代替真正的乳汁，終究是徒勞無功，不斷地失敗，使得幻覺和感知，內在和外在，幻想和真實，這些二分法開始成形，心智逐漸以「現實原則」的方式運作。佛洛伊德（1920）提醒，「現實原

則」並不是放棄對快樂的追求，而是「藉由實現延宕滿
足，放棄獲得滿足的數個可能性，並且忍受暫時的不愉
快，作為通往快樂所需的漫長又間接的道路。」因此，在
每個人內在的心智空間裡，不會囿於客觀知覺，也不會沈
溺於主觀解釋，而是在現實和幻想之間徘徊，創造出屬於
個人的生存彈性。

　　每個人所面臨的失落不會只有奶水而已，成長本身就
是要面臨一連串的失去與哀悼，最難過的莫過於失去所愛
之人（客體）。還好幻想和現實，在精神能量的複雜調適
下茁壯，產生精神官能症和適應的功能來保存自我。在成
功的哀悼上，Laplance與Pontalis（1973）表示：「面臨失
去所愛對象的主體，學習修正他的計畫和願望，以調整個
人世界符合這個真正的損失。」如果否認這個「損失」，
創造性的姿態就會被一種順從的態度所倒錯——彷彿我堅
持你不讓我成為我，就像是我可以阻止你成為你。

　　栗城史多在書中描述「為何要登山的原因」，第一個
提到的，就是對母親臨終時許下的誓言：「努力奮鬥」。
在栗城史多的年幼印象中，母親的身體一直都不是很好，
直到高中那年診斷出肺部有腫瘤，栗城史多難以接受，他
寫道：「……我總是逃避現實，自欺欺人地想，腫瘤應該也
可以治好吧？經常不聽母親的話去看電視……。」逃避了
一年多，高二那年栗城史多見到完全陌生的母親，頭髮
已經全部掉光，幾次三番的嘔吐，但從未聽過母親說半

句「痛」、「受不了了」。栗城史多自此開始每天都去探望母親，到了七月母親過世後暗自發誓：「今後人生的每一天，自己能力所及的事情都要付出全部的努力去做。」後續，栗城史多的書裡就沒有太多對母親的描述了。

不確定栗城史多對於母親的過世是如何哀悼，但可以瞭解的是網路具有「無限」的特質；「無限空間」（infinite space），長期以來被精神分析視為一個深淵，焦慮不安的人可能會墜入其中（Bion,1970）。從栗城史多的描述中，雖然在意識層面可以瞭解「能力所及」的意思，但在情感層面似乎更傾向接受母親面對死亡時的態度。對栗城史多而言，透過行動，面對高山險峻的死亡威脅，也是一種以潛意識靠近母親面對死亡的時刻：不斷地反覆經歷與克服恐懼。然而，在網路上的化身（avatar），經常是傾向否認「真實」的生活樣態，轉而支持一些理想性的幻想。我們要非常小心這個想法，因為這暗示人們要接受現實才是符合最大利益，但現實與幻想從來都不是一分為二，不是一次只能以一種樣態存在。

對失落的無感與無法哀悼

網路世界是如何乘載焦慮與失落呢？首先我們需要知道，網路是以集體（collective）而非以群體（group）的方式存在。群體是關乎秩序，並希望根據某些結構原則（社會、心理、經濟）改變個人（Ghent,2002），通常是

存在於現實。個體為群體的精神生存而吸收並拋棄自我和他人的元素，理想情況下，可以成為促進情感發展、反思和理解的對象；集體則是分解並重構事件的規則（在心理、社會歷史或技術層面），並且使用它們作為結構模式中堅不可摧的片段，這些結構模式通常是用來作為目的或手段（Levi-strauss,1966）。群體和集體同時工作，就像人們生活在兩個同時存在的現實一樣，前者透過現實的失落和限制，引領內在和外在的精神發展，後者則透過集體接近無限的存取（access）。網路空間的參與充滿複雜性，在聊天室裡網民互相投射，沒有足夠的第三方在這個互動中產生反思，「意義」在網民間的交流是非常快速成形且同化，即使有損失或傷害也會轉眼消失（亦即意見不合時就加入其他群體，或是尋找下一個對象），既然不存在失落，哀悼就不需要出現。記住佛洛伊德對於哀悼的洞見：「哀悼是透過宣稱客體已死，並提供繼續活著的動力，驅使自我（ego）放棄客體，每一次掙扎於蔑視客體，貶低客體，甚至像是殺死客體的矛盾心理，都是力比多對固著於客體的鬆綁。這一切的過程有可能在無意識中結束，無論是憤怒耗盡，或是客體被視為沒有價值而拋棄。」因此，損失（loss）是不可避免的，接受損失並哀悼失去，對現實適應是至關重要。如同前述，因為網路空間的特殊性，損失是難以被辨識和接受，現實的損失也能透過網路將其客體重新充電，再次組裝。當自我不再被迫放棄客

體，不用接受失落與限制，代價很可能是全能感的無限延伸，將個體推向更危險的極端。

栗城史多原本想藉由爬山，接近前女友的心之所向，也藉由克服險峻山勢的成就感，完成對母親的誓言，在《一步向前的勇氣》中，他一再描寫攻頂時和宇宙合而為一的滿足：「……我所嚮往的『宇宙』的天空就在眼前。在這個世界裡，所有的一切都是『一』，而所有的『一』又和『一切』緊密相連……。」這種體驗彷彿沒有分離、沒有損失，一切回到最初（與母親）融合的經驗。現實裡，他終將是要下山的，分離會發生，損失要面對，而延續這一切的方式，是透過喚起要他努力不懈的母親（客體），投射到網路上不知名的對象，藉著網友的肯定，不斷地為他堅信的內在母親和希望成功的意念充電，他相信只要努力不懈，就能達到內在母親的期待。因此栗城史多寫道：「沒有辦法進行直播，無法找出登山意義，繼而登頂也失敗。如今，在一片暗夜之中，『死了算了』──我覺得自己也走向完結了。」栗城史多想要散播活下去的力量給網友，但沒有覺察到，自己也需要網友才能活得下去；為了維持網友的存在，選擇忽略現實與限制。他在第八次登山時，不選擇一般登山者較安全的攻頂路線，反而轉向困難度非常高的方向而喪生。如同Crimp（2002）所述，憂鬱讓位給好戰情緒，讓哀悼成為一種公共的、創造性的事件。把生命的有限性，轉而投向無限與無生命的網路。

| 參考資料

1、John R. Suler (2002). Identity Management in Cyberspace

2、Stephen Hartman (2011). Reality 2.0: When Loss Is Lost(2011)

3、Stephen Hartman (2011). Cybermourning Grief in Flux From Object Loss to Collective Immortality(2012)

4、《一步向前的勇氣》，粟城史多

失落中誕生的網路宅文化

他們在數位世界裡捉迷藏

魏與晟

諮商心理師

臺灣精神分析學會會員

網路或科技，令人聯想到人與人接觸中情感關係的剝奪，然而對另一群人來說，反而在這種有距離的空間找到棲身之所。在疫情肆虐的期間，我們開始思考，要怎麼與鏡頭那端的對象「玩」起來，也許我們應該要借鏡已經在這個空間中玩瘋了的那群人的經驗。讓我們參考宅文化中的「同人創作」、「虛擬直播主」、「迷因現象」來反觀我們在視訊治療中，失去了什麼？又有可能創造出什麼？

不斷改變的網路「關係」

在網路開始普及時，各種通訊軟體出現，互動社群的使用，人與人的關係有了很大的轉變。現在line上的已讀不回，變成生活日常的一部分，又因為Covid-19疫情的關係，網路使用邁向另一種境界——大量的網路會議、網路辦公，臉書甚至推廣元宇宙，虛擬實境的世界逐步成真，我們即將進入全面數位化的時代。

疫情改變了我們的生活習慣，讓我們有機會重新想像網路上的人際關係。精神分析或心理治療的領域，更加積極地討論遠距治療的可能性，我們透過視訊等平台，試著類比過往的治療關係，想像在不同的情境與設置下，操作精神分析的技術。精神分析大部分涉及的現象，或說精神分析的設置本身，是發生在治療師與案主實際在場的場域，從古典理論提到的移情與反移情，到當代的一些概念，例如奧格登提過的治療第三方或是互為主體的現象場，都是如此強調。但是在視訊科技底下，這些理論是否能夠重現？即使大致上重現了，本質上是否會有所改變？我們知道，移情與反移情不只是概念，而是無比複雜的潛意識現象，各式各樣的資訊與記憶，都是影響我們自身潛意識的素材，換言之，網路治療當中，治療師與個案是否會做著跟以往相同的夢？線上治療、網路上的治療關係，或者網路上的人際關係的重新討論，似乎成為一種流行，而這些到底指涉的是什麼？

　　筆者想更精確的提問：假設在心理治療的關係中，我們維持的不只是治療師與個案的關係，不僅僅只是完整的人與另一個完整的人之間的關係，而是存在著某種更為原始的關係——這是所有實務工作者都曾體會過的，也就是類似母嬰關係的部分，那麼這種關係若被置換到網路上，會呈現什麼樣貌呢？

精神分析中的「關係」

　　「關係」這個詞，在古典精神分析中並不常出現；精神分析的古典理論著重在個人潛意識的衝突，以及相對應的心理機制上，這樣的理論框架，思考的方向會朝向人的內在，而非客體（也就是「關係」）。後續的發展，學者們慢慢才把重點放到外在關係，但這裡所謂的「關係」，與「人與人」之間的關係又有點不同，精神分析對於外在關係，大體上可分為兩個體系；由於理論觀點紛紜，簡單地區分如下：一是美國為主的人際關係學派，二是英國為主的客體關係學派。前者所談論的關係是「互為主體性」的關係，例如在治療現場，我們與個案之間會形成一種關係性的場域，治療師與個案在意識或潛意識中相互建構出其中的經驗。後者強調的是「母嬰關係」，關注在人類生命早期的心智經驗與互動狀態。上述兩派，無論對關係的比喻是否有重疊之處，我們都能發現，精神分析所著重的關係並非單純的人際經驗，而是某種更早期、更原始，且

容易在心理治療脈絡中顯露出來的心智經驗。

　　我們先把重點轉到英國學派常談的母嬰關係，或是類似母嬰關係的譬喻上。這種母嬰關係無論是嬰兒內在的想像，或是外在真實的母親，在克萊恩學派口中，母親是作為嬰兒主觀的內在幻想對應的存在，也就是所謂的「部分客體」而存在。克萊恩假定嬰兒的心智充滿著無法涵容的本能與被迫害感，使得嬰兒必須用原始的防衛機轉來應對這個世界，像是分裂或是投射認同，這些防衛機轉也能在一些人格疾患的個案身上看到，我們稱之為「原始的」心智狀態。反之，與克萊恩學派強調的「嬰兒內在幻想」不同的是有另一派學者強調真實母親的功用，例如以約翰‧鮑比提出的依附理論以及獨立學派溫尼考特描述母嬰互動的一系列理論，建構出另一套嬰兒心智世界的發展觀；獨立學派的論述中，母親代表了「給予心智發展」的環境，依附關係學派則有著複雜的母嬰互動，協助嬰兒在成長中慢慢適應現實挑戰。

　　對精神分析而言，把治療關係比喻為母嬰關係是重要的，尤其對那些所謂的「發展障礙」的案主來說，利用母嬰關係來想像案主的心智狀態，是寶貴的實務資訊來源，一方面可以幫助我們理解案主相對原始的心智狀態，另一方面也讓我們體會到，自己不能僅僅只是作為一個治療師，更是需要去扮演發揮母親功能的照護者。治療者被想像成是「有能力理解孩子的母親」，利用自

己的心智，與嬰兒原始的心智狀態工作，這樣的想像，促成當代精神分析許多概念的發展，例如消化、涵容、遐想、作夢等等。

母嬰關係與鏡映環境

　　當代的理論，例如「心智化」，承繼了獨立學派的衣缽，強調早年母嬰關係或是依附關係情境的重要，主張這些關係是人類自我（self）發展的溫床。自我發展包含了許多重要的能力，像是情緒覺察、情感調節、自我統整等等，這些都是透過母嬰之間複雜的互動機制而達成，直接影響個人心理健康的發展。

　　母嬰關係中，母親藉由回應嬰兒各種跨感官的混亂經驗，幫助孩子區分內在與外在，形塑出各種感受的樣貌，如同溫尼考特所描述的，孩子在母親的臉龐（心智）中找到了自己；縱然有多種觀點，一般來說，這個歷程會被理解為「鏡映」或「鏡映式的環境」。孩子透過母親或照顧者的鏡映來認識這個世界，進而認識自己。反之，鏡映歷程或是早年環境出了問題，例如母親健康不佳，或是家中有虐待的行為，就會影響嬰兒自我的發展，使其在理解與調節自身的情緒、建立現實感與主觀感受上出現偏差，這是所謂的「缺陷模型」。在當代的精神分析中，「缺陷模型」特別被提出來，用以理解一些較棘手的個案，如邊緣型、自戀型，以及其他發展障礙的

疾患。

　　嬰兒早年生活是跨感官的,充斥著聽覺、觸覺、嗅覺等等,母親也運用各式各樣的回應來鏡映嬰兒的狀態,像是唱搖籃曲、換尿布、抱著嬰兒,或是用語言安撫。語言是相對高階且具有象徵性的功能,當母親如實地辨認或猜想嬰兒的內在狀態,並試著用嬰兒能接受的方式,協助他知道自己的經驗時,嬰兒這些原始的跨感官感受就有了「次級表徵」——也就是孩子能大略知道這些感覺是什麼,並試著讓自己擁有這些感受的主導權。慢慢地,隨著發展與象徵功能逐漸完備,孩子才有能力學習「說出」自己的感受,這個歷程,母親「標記性」的回應格外重要!所謂「標記性」的回應,是指嬰兒在表達情緒時,照顧者會用一種誇張化的方式,將該情緒回應給嬰兒,例如母親用誇大的表情動作,安撫嬰兒哭泣的不安。該理論假設,母親的回應,幫助嬰兒將自身的情緒做了表徵性的「標記」,進而讓嬰兒能組織自身的情緒感受。在假設中,這類誇大的表現形式給孩子們一種「很像自己,但感覺卻又不太一樣」的狀態,讓嬰兒能夠同時知道照顧者所傳達的,既是自己的感受,但又有著來自照顧者消化過後的表徵意義。神奇的是,正常的母嬰互動過程,照顧者總是能自然而然地使用這樣的互動模式,例如說著媽媽話[1]、做著鬼臉逗弄嬰孩等等,讓嬰兒慢慢理解自己的感受。這也呼

---

[1] Motherese。聲調提高,速度慢,以疑問句的方式說。

應了溫尼考特所說的「夠好的母親」或「正常奉獻的母親」；這種過程是建立次級表徵系統的關鍵。

這些由母親消化過、誇大的回應，讓孩子能用「新的方式」理解自己的感受，進而對原本的感受有了次級表徵系統。這種「標記性」回應也常在遊戲治療的情境中發生，像是治療師用孩子能聽懂的方式，解釋他遊戲背後的意義，或是在成人治療中，治療師所做的移情詮釋、提出對案主的理解，甚至是表現幽默感，都是標記性回應的一種形式，治療師藉由這類的回應，重新讓對方找回自己如其所是的感覺。

網路作為環境－數位時代的依附關係

無論依附理論或心智化理論，都強調要有個照顧者來充當「環境」，以協助嬰兒早期的發展。這裡的「環境」不是指物質條件，而是照顧者的「心智功能」。這個環境有著各式各樣的非語言刺激，視覺的、觸覺的、身體感受的，在語言尚未形成之前，個人的生命經驗需要母親的「鏡映」——也就是嬰兒自身的狀態，經過母親的心智消化後再歸還給嬰兒，使嬰兒能夠長出自己的心智。

前述是精神分析想像的母嬰關係，而現代網路科技興盛後，我們觀察到一些現象——若將網路當成一種環境，我們著重的就不是網路的某種特定內容，而是孩子在網路時代成長的過程，整體經驗到的感受——網路環境會如何

塑造出使用者經驗的主體性？

　　先從兩個方向談起，一是「網路母親」，另一是「用網路找回母親」。「網路母親」指的是孩子早年的依附關係中，許多母嬰互動的情境被網路所取代，導致孩子在發展階段，經歷了另一套有別於正常母嬰互動的內在過程。舉一個簡單的例子，在更早的年代，有些父母因為工作忙碌，抽不出時間照顧孩子，他們只能看電視等著父母下班，我們稱為「電視兒童」。而現在更多的例子是，父母直接讓小孩玩平板、手機消磨時間，或是小孩要找父母玩時，父母自己沉溺在平板、手機裡，不理小孩；原本母嬰之間細膩的互動時刻，例如母親對孩子臉部複雜表情的觀察，或是母親安撫孩子情緒時，動用自身心智資源的能力，都因為科技產品或網路的介入，轉變成另一套不同於以往的回應系統，這對孩子主體性的發展所造成的影響，還需要做更多的研究來辯證，但筆者就目前的現象觀察，可暫時稱之為「網路母親」或「網路母親環境」。

　　網路或科技產品替代了母親的角色，如同幫忙母親教養小孩，而網路世界各式各樣的資訊，孩子悠遊其中，擷取出與早年依附關係雷同的經驗，產生安慰的效果，也可以說，小孩使用網路找回對母親的依附感，這又是另一種不同的現象；前述兩者的發展歷程不同，一個是向前一個是向後，筆者在此只能略為描述，網路作為一種環境的複雜程度。

網路文化：感官的嘉年華

筆者認為，視訊治療除了形式不同之外，還有個重要的元素，在於資訊上的剝奪。視訊治療僅能傳遞視覺與聽覺，其他如嗅覺、味覺、觸覺、空間感等等都無法透過網路感知，因此整體傳遞出來的資訊量比起真實互動是偏少的，不過，也因為這個特性，網路世界可以說是視覺與聽覺「特化」的文化。

網路興起的這些年，從數據機到現在各式各樣的連線模式，有一類特別的族群能一直用最快的腳步跟上，他們對於視覺與聽覺的資訊傳播有著特殊的適應性，筆者把這類族群稱為「宅」（或「宅文化」）。「宅」這個詞在不同年代有著不同的意義，一般人可能不是很熟悉，接下來介紹幾個我關注過的宅文化，這些都是在網路上相當普遍，新興發展中的現象。

蘊藏大量情感資訊的視覺訊息－漫畫

網路興盛與視覺感受息息相關，因為網路中最容易傳遞的，就是視覺與聲音的資訊，所謂的「視訊治療」，也是基於這個科技基礎。談到視覺資訊的傳遞，不得不提到「漫畫」這種媒體形式；漫畫文化，尤其是日本的漫畫文化，在網路興起後迅速擴張。過去網路不發達的年代，看漫畫僅是少數人的興趣，若過度沉迷於動漫，甚至會被貼上「宅」的標籤，然而，現今隨時可以用手機

看漫畫，國小國中的同儕中，如果沒有一起追特定動漫的人反而會被排擠，漫畫儼然從次文化躍升成了主流文化。

　　為什麼漫畫這種媒體形式，會隨著網路科技迅速地傳播？筆者猜想是漫畫的表現形式，符合了網路世代的需求。漫畫能夠快速地被閱覽、閱讀，並且用純視覺的形式傳達大量的資訊，且能納入其他感官的資訊（例如聲音、動作、觸覺的暗示）。除了感官資訊外，其內容也以刺激、富有想像力與容易理解為主，可說是網路世代最豐富也最容易取得的媒體。

　　漫畫是個很特殊的媒體形式，先將日本漫畫的歷史性與藝術性置於一邊，筆者認為漫畫是「簡化過並運用清楚的形式來表達情感內涵」的一種媒體。例如漫畫中的人物表情，與真實的人物表情其實截然不同，漫畫中的哭臉或是笑臉，或是更複雜的情緒狀態，都有某種特殊的表現方式，像過往風靡一時的動畫《櫻桃小丸子》中，人物頭上用三條直線，清楚又簡單地表達出言語難以形容的尷尬或晦澀的感受。熟悉漫畫符號的閱聽人，能輕易地看出漫畫人物想傳達的感受，他們絕對不會誤認漫畫人物笑與哭的表情，但是在現實情境中，人的表情卻沒有這麼好辨認。動漫之所以會受到廣大午輕族群歡迎，是因為它不只是資訊的載體，也是情感的載體。試著做個類比，在前一段談到嬰兒能透過母親的「標記性鏡映」回應，進而獲得次級

表徵的能力。照顧者這種「標記性鏡映」的回應方式，與漫畫的表現形式，「簡化過並運用清楚的形式表達情感內涵」，兩者有著異曲同工之妙。這或許可以解釋，習慣看漫畫的人，為何能透過漫畫這種非常簡單明瞭的方式，感受到強烈的情感。

　　動漫的表達形式，讓某些人際能力較差的族群也能夠順利閱讀，像是輕度自閉症或發展遲緩的孩子，即便沒有辦法理解背後過於象徵性的劇情，至少能片面的從人物表情中得到樂趣，這是其他媒體無法做到的事情，筆者認為，這在臨床工作中有非常重要的價值，例如自閉症或是重度拒學的患者未必會看報紙、讀小說，卻有非常高比例的患者會窩在房間裡看動漫。在此沒有貶抑特定族群或動漫文化的意思，僅是想要強調動漫媒材容易閱讀的特殊性，以及對於臨床族群的觀察心得。

　　這或許是件弔詭的事情──人類在依附關係中之所以要透過與母親的互動獲得能力，就是為了要適應複雜的人際互動情境，去辨認人類心智各式各樣的複雜狀況，然而，動漫卻讓我們找回某種簡單清楚的情感，又從複雜的現實人際世界中撤退回去，也因為如此，這些概念才能夠更加快速地傳達出去，進而塑造一種另類的文化。在這樣的影響下，人類到底是往前邁進或是向後退步？目前的發展也許不是線性關係可以全然解釋清楚的，我們只能繼續靜觀其變。

尋求最完美的標記性鏡映－Virtual Youtuber

筆者想提出另一個新興的現象作為例證，那就是Vtuber（virtual youtuber／虛擬直播主）。Vtuber是大約5年前才開始流行的特殊直播形式，從所謂的youtuber[2]的角色上，進一步地發生了改變──Vtuber是以虛擬人物而非真人作為youtuber的形式，這些虛擬角色通常是日本動漫造型，稱之為「皮」，而在底下扮演虛擬角色的人則稱為「中之人」也被稱為「魂」。

Vtuber的現象有相當多的主題可以探討，但筆者僅想著重於互動機制的部分來論述。在與真人直播主的互動中，表情變化複雜豐富，觀眾可以透過直播主的表情，得到一些真實的人際資訊，獲得回饋感。同樣地，為了增強觀眾的感受，真人直播主的演出越來越誇張化，像是笑得很開心，或是大動作地受到驚嚇等等。Vtuber由於是動漫外表，能夠呈現出的表情相對是少的，有時候因為臉部攝影技術問題，他們的表情甚至是怪異的，像過度眨眼睛、講話時嘴巴沒有跟著動等等。有趣的是，Vtuber的觀眾們還是能從中獲得情緒回饋，並且把這樣的回饋視為非常重要的支柱。有報導指出，在過去兩年的疫情期間，Vtuber的觀看人數大幅地上升，許多人都表示，在觀看Vtuber的

---

[2] 真人直播主與觀眾的互動形式，是網路興起後很大的人際互動模式轉變，包含互動中的人際理解與慾力灌注的問題，以及網路空間是如何造成視覺慾望凝視，有更多的可能性等等。我們可以想像它創造了一種新形式的網路人際互動與資訊接收的模式，且以「訂閱率」為主要營收的手段也是新興的經濟形式，以上主題都值得深度討論。

過程中獲得療癒與安撫的感受，協助他們撐過疫情期間的焦慮與恐慌感。

為什麼一個表情資訊相對少的媒體，反而能帶來比真人還要大的情緒安撫效果呢？除了Vtuber裡面人物本身的聲音演繹外（他們的聲音往往也有著誇張化的傾向），筆者認為，這種動漫性表情的互動，很有上述「標記性情感鏡映」的特色，也就是，這樣的網路人際互動中，虛擬直播主與觀眾之間，不需要真實人際複雜的情緒資訊，而是使用一種簡單清楚、誇張化並具有直觀情感意涵的表達模式，這樣的模式不需要精確的臉部肌肉表情，卻能帶來情感安撫的作用。這種現象到底是之前提到的「網路母親」或是「用網路找回母親」呢？

筆者推測，對於一些被「網路母親」養大的族群，他們本身其實缺乏實際的母嬰情感互動經驗，導致他們將這種動漫式的情感互動視為理所當然，甚至從中獲取幼時匱乏的情感經驗；相反地，在相對情感充足環境下長大的人，透過這種誇張的動漫式人際互動，找回了過往依附關係中與母親互動的經驗，進而感受到自身情感受到了安撫。這兩者現象同時共存，造就了新興形式的網路情感互動模式的流行。

關於Vtuber或是直播主的經濟現象與情感互動的關聯，筆者再提一點，也就是youtuber頻道的付費方式。Vtuber或youtuber的主要收入，來自觀眾的捐獻，稱之為

SC（super　chat）。網路直播時，觀眾可以在螢幕旁邊的聊天室留言，若用了SC，由於是付費的留言，直播主就一定會回應該則留言並道謝，甚至做出該則留言中所提到的要求。透過這樣的付費留言與直播主的回應，出現了新興的經濟體系，讓Vtuber在幾年內可以創造出上億的營業額。這讓我有兩個聯想，也就是在早期情感互動中的「後效性」與「可得性」。

「後效性」是指母親的情感回應不只要精確，還需要能夠與嬰兒自身的狀態有因果上的關聯性，才能讓嬰兒做出情感的參照與比對。而當嬰兒需要母親時，母親要能在嬰兒能夠忍受的時間內作出回應，才不會進一步導致孩子情感上的創傷，這是「可得性」。SC也許可以對比到一種高度後效性與可得性的回應機制，只要付費，就能夠讓直播主「必然地」認真回應自己，就如同將母親的回應花錢買回來一般，相當具有吸引力。雖然這種現象也能在一些公關文化中觀察到，但在網路之下，這種「購買回應」的行動更加容易也更加純粹，並且更趨近於早年母嬰情境，而非成人式的社交活動。

上述都只是片面的觀察，僅僅先提出這種新興互動與人類內在心智機制有關的推想，並不是要評論或批判特定的文化。筆者反而認為，精神分析或許要與這些文化學習，俾能在新的時代中，對人類的心智變化，有著更多不同領域的想像。

從再造音樂中找到自我主體性－初音文化圈

　　接下來，談一些與聽覺感官相關的「宅文化」現象。
大家認識「初音未來」嗎？一個綁著大雙馬尾，有著淺綠
色頭髮的動漫少女，許多網路社群或活動中都能看到她的
身影，大家或許不知道的是，初音並非某個特定動漫畫作
品的人物，而是來自一款聲音製作軟體Vocaloid的形象人
物。Vocaloid是2003年時，由日本山葉樂器公司推出的一
款「用電腦合成人聲」並能進行編曲的軟體，也就是說，
使用者可以不用透過真實的歌唱，就能創造出自己想傳達
的人聲歌曲，這使得「自行創作音樂」這件事變成相對容
易多了。

　　自從Vocaloid這套軟體問世後，便開始了Vocaloid同人
音樂創作圈的風潮。這個風潮興起的原因有二，其一是因
為Vocaloid軟體的功能，使每個人都能成為創作者與編曲
者，將「音樂表達」的權利放回到自身，而不是主流商業
市場，所以Vocaloid的創作並不是要營收，反而是在做
「個人情感的表達」。Vocaloid的電腦聲線不受限於人類
音高與速度的侷限，所以音樂創作的可能性變得非常多
元，創作者們可以用各式各樣的聲音手法來表現自己的心
境，導致許多表達內在黑暗面感受的歌曲出現，所以
Vocaloid（俗稱V家）的元素多半伴有著強烈的情緒色
彩，描寫孤獨、攻擊、憎恨等等的歌曲比比皆是。

　　第二個因素是，與軟體同時期的SNS（網路社群服務）

開始真正普遍起來，網路影音平台也提供了免費上傳服務，使得在網路上交流與流傳自己創作的音樂變成簡單的事，所以若是創作的歌曲能夠引起他人的情緒共鳴，就會馬上在網路上竄紅。就這樣，Vocaloid變成了一種紅極一時的網路次文化現象，引起共鳴的歌曲，可以被另一人翻唱、重製成不同的版本，音樂從原本的商業市場轉成同好情感交流的媒介。現在Vocaloid已經沒有像過往這麼火紅，音樂製作也有不同的形式，但許多當紅的素人歌手，例如今年日本點閱率最高的歌手ado，都是受到Vocaloid啟蒙的後續音樂現象。

接著筆者想詳述Vocaloid文化中，情感與創作者主體認同的意涵。前述提到Vocaloid文化圈的歌詞都具有強烈的情緒色彩，除此之外，還有強烈的反抗意識，這可說是青少年最重要的感受。如同溫尼考特在論述青少年時所提到的「反社會張力(anti-social tendency)」，他並非在表述青少年不道德的行為，而是描述在青春期的心智狀態中，一些受創的青少年，試圖把過往失去的經驗搶回來的主觀感受。這種感受藏在每個人的心中，當它過於強烈時，可能會演變成問題行為，而當它沒有那麼強烈時，可能就是某種意念的表達或抗議。筆者認為，Vocaloid文化圈的歌詞，其實是圍繞著這種青少年試圖反抗的心境建構而成，它們批判社會問題、男女問題、升學制度，各式各樣的不公平彷彿都有了出口，電腦合成音讓他們能夠創造出虛擬

的嘶吼與尖叫，替代自身內心的狂躁，這樣的創作透過SNS的分享而增強，進而更有了社群間的認同感。那些心中沒有被看見的感受，透過這種社群創作與分享的方式，被重建出來了。

Vocaloid之所以在宅文化圈有如此重要的地位，是因為它利用聲音創作的方式，幫助閱聽人心中那些缺乏自體客體需求（self-object need）的部分，重新建立主體性與認同感。再一次地，我們可以看到，網路世界中的單一感官（聽覺或視覺）中，其實包含著跨感官的複雜性情感意涵，音樂不純然只是音樂，而是與某些自我或自體的面向有所牽聯。

從原始刺激中再次找到安撫－ASMR

關於「聲音」這個知覺主題，筆者再補充論述另一個新興的現象，也就是所謂的ASMR（Autonomous sensory meridian response，自主性感官經絡反應），這是近年非常流行的網路直播內容，透過高音質的收音技術，錄製一些細瑣的聲音，例如輕聲耳語、吃東西、紙片摩擦這類的聲音，由於音質非常細膩，導致收聽者在聽覺上有很強烈的刺激與興奮感，被稱為「顱內刺激」或「顱內高潮」。ASMR一直受到特定族群的捧場，有些直播主甚至單靠撥放ASMR衝高人氣，成為了直播文化中的大絕招。

有趣的是，ASMR的閱聽人有兩類完全不同的反應，

不習慣的人會感到界線被侵犯，因過度興奮而造成不適感，但習慣的人，反而有被安撫的感覺，甚至有許多人需要聽著ASMR休息或入眠。ASMR無疑是高度刺激性的媒體，甚至是具有性興奮的載體。這裡指的性興奮，未必是性器的興奮，而是類似佛洛伊德說的「嬰兒式性慾」(Infantile Sexuality)，是一種廣泛性的能量，任何牽扯到「內」與「外」交界處的器官，都會成為慾望的載體，例如眼睛、口腔，當然也包括耳朵。

　　為何興奮性的感受會對某些人有安撫的功用？我們對這些新興文化，目前所知甚少，以下僅是筆者的想像與推測。在最原始的情境（也就是「新生兒的世界」）中，嬰兒的心智是難以想像的，例如英國精神分析師克萊恩認為，嬰兒當時是處在一種原始自我（primitive ego）的狀態，感官能力尚未健全，所以嬰兒的心智會被「原始的心智位置」所掌控，像是所謂的偏執（類分裂狀態），或是分裂式的防衛機轉。這些是對嬰兒心智世界相當猛烈的想像，但也許也是貼切的描述。除了外在刺激，由於嬰兒的內在還有著旺盛的驅力與需求，像是飢餓感，因此他的心智並非全然地平靜，反而是由高度的刺激所組成，在這種狀態下，伴隨著母親的安撫，嬰兒才能漸漸適應這個充滿感官的世界——興奮性與安撫的感受，未必是相斥的。

　　在此，筆者提出兩個相近卻不全然等同的概念，一

個是溫尼考特的「過渡客體」，另一個是埃斯特‧比克（Esther Bick）的「次級皮膚（second skin）」之概念。過渡客體的概念很廣，在溫尼考特的定義中，那是某種介於主體與客體之間的事物，是嬰兒自己找到，且對他而言有意義的東西。溫尼考特在文章中所舉的例子是，嬰兒可能會把毛毯底端分岔的毛線當成過渡客體，並持續地去玩那個毛線。任何東西都可以是過渡客體，只要那個東西呼應了嬰兒內在世界的某個角落，它就會變成重要的東西，直到嬰兒長大，適應現實後，過渡客體的重要性就會自然退散。

　　ASMR除了那些明顯就有強烈性暗示的聲音（像是直播主舔麥克風）之外，許多都是無意義且瑣碎的，而非明顯、具體的聲音（如特定的語句），也許聽者可以從這種瑣碎的感官刺激中，重新「找回」某種感覺也說不定。比克在嬰兒觀察的基礎上，曾提出一個類似的概念，例如，有些兒童因無法像正常兒童一樣，能夠擁有心智的皮膚去包覆內在的感受，所以他們需要外界的某個事物來充當心智皮膚，也就是次級皮膚，來涵容內在的感受。舉例來說，自閉症兒童可能在治療室中出現一些重複性的舉動，或者反覆撞頭，在這樣的例子中，撞頭造成的痛覺就變成了次級皮膚；ASMR高強度的刺激卻能安撫人心，也許也有種次級皮膚的味道。當然我們無法確切理解ASMR的機轉，也許僅是刺激了交感或副交感

神經，但筆者還是試圖對這個新興現象做出一些心智性的想像，或許聽覺背後還擁有著其他的心理意涵存在。

在失落中重新找到的感官生命

　　溫尼考特在〈文化經驗之所在〉中提到，人類的文化經驗是過渡客體與過渡現象的延伸。在自己的經驗被找到的同時，也創造出新的文化體驗，而其他人能自由地從這個找到與被找到的經驗寶庫中，提取與存放這些經驗，因而慢慢形成了文化。這個世界在網路出現後，許多人與人之間的互動形式被改變了，改變可能是內在的，像是心理的機制或功能，或是心智結構，也可能是外在的，像是發展條件的改變。這樣的改變也會影響到心理病理學，例如在佛洛伊德的年代有許多傳統的精神官能症，但在性解放的思潮出現後，幾乎看不到古典精神官能症的患者，取而代之的是，我們從各式各樣的社會問題中，看到了棘手的邊緣型與自戀型人格的案主。如今網路世代的出現又造就了不同的改變，例如「拒學症」可能就是與此密不可分的現象。

　　改變就是改變，並沒有好與壞的問題。佛洛伊德在《文明及其不滿》中提及，精神官能症其實就是文明的代價，只是代價也會跟著時代轉換成不同形式罷了。比起看待新興的症狀，筆者更好奇的是，人類圍繞著改變而發展出什麼樣的文化圈？人類不斷在進化與適應環境，

像是在水資源有限的地區，人類發明許多節省水資源的文化模式，網路環境亦然。由於網路目前僅能傳遞視覺與聽覺的訊息，所以網路使用族群也在這種感官資訊匱乏的情境中，找到適應的方法；他們利用有限的知覺條件，發展出了一套可以蘊藏大量情感資訊的網路文化溝通系統，在原本匱乏的情境當中，誕生出豐富的內容與創意。

回到視訊治療的一些想法

我們是否能從這些網路宅文化中學到什麼？網路是一種視覺與聽覺特化的環境，在這樣的環境中，原本理解的人與人之間的關係，甚至進一步說，個人與客體、母親與嬰兒之間的關係，又會有什麼樣的轉變？義大利前精神分析學會會長安東尼奧‧費羅曾在一次針對Covid-19所形成遠距諮商的網路討論會中提到，疫情對精神分析而言是個打擊，但也是個機會——我們有機會放下過去的框架，看見新的可能性。他主張治療師要能與個案「玩」得起來；在過去實際見面的治療設置中，我們玩了一些東西，如今在網路上，或許有些素材會缺少或增加，於是我們就去玩另一些東西。對照筆者在這篇文章中所談的內容，或許就是想要去增加這個「玩」的範疇。

在視覺方面，筆者也聽過有分析師分享，用視訊治療時，會不自覺地做出比較多的表情，她推論是因為網路能

傳遞的資訊過少，所以潛意識地試圖給予個案更多的訊息，也許這是增強視覺資訊來照顧個案的一種方式。但反過來說，有沒有可能也是因為我們自身處在資訊過少的狀態，而企圖引發更多刺激的一種嘗試呢？在這樣的狀態下，到底誰是母親誰又是嬰兒？筆者認為，Vtuber與動漫式的畫面給了我們更進一步思考的空間——網路上用更簡單與誇張化的表情，來取代真實人與人之間的細膩表情互動，卻能傳達出更多更深刻的情感，或許這讓我們在視覺訊息的多寡與形式上，能有不一樣的參照與選擇。

　　同樣地，在聽覺方面，筆者也聯想到網路治療中的一個問題。在大部分的視訊治療中，我們好像比較在乎視覺訊息，像是畫面清晰度、通話流不流暢，或者是否能在背景重現出治療室等等，我們較少著重聽覺的訊息，尤其是精神分析躺椅式治療的情境，某種程度上也是處於視覺剝奪的狀態，僅剩下分析師的耳語（通常是詮釋）與自由聯想，在這種狀態中，分析師的聲音要精細到什麼程度才是「恰當的」？若單單增強音質就帶有性的意涵，那麼，分析師在網路上的聲音工作，是否會引起更多的退想？

　　上述只是就視覺與聽覺的層面去推論，還未進入文化層面——我們是否能想像個案處在這樣的網路環境裡，已經誕生了另一種知覺與文化體驗？在精神分析或心理治療的想像中，這些內容或素材必須以語言或移情反移情的方式呈現，若這樣的場景搬到了線上，也許我們也會變成這

個網路大千世界的一員，知覺、關係、資訊、主體性、文化的再製與創新，慾望灌注的形式與對象，都將在網路世界中上演。這並非只是目前實際發生的事情，未來元宇宙的技術發達後，分析師們可能都會套上一層數位的虛擬角色模組，在VR中與個案做分析；或許藉由探究網路新興文化，我們對於下一代的關係形式，甚至人類心智結構的本質變化，才能有更貼近的理解。

這些與宅文化相關的討論，除了要感謝臺灣精神分析學會每年舉辦「應用精神分析工作坊」跨界對談，提供大家可以自由思考各式各樣事情的空間外，還要感謝我所屬的「歐塔析思」，一群很「宅」的精神分析同好所組成的團體，從中我們不斷激盪對於宅文化最新的觀察與回應，幫我拓展了精神分析對於宅文化的想像與比對。

| 參考文獻

Bick, E. (1968). The experience of the skin in early object-relations. Elizabeth Bott Spillius. Melanie Klein today: developments in theory and practice: mainly theory, 5, 187-191.

Fonagy, P., Gergely, G., Jurist, E. L., & Target, M. (2021).心智化:依附關係‧情感調節‧自我發展(魏與晟、楊舒涵譯),心靈工坊。(原著出版於2002)。

Ogden, T. H. (1994). The analytic third: Working with intersubjective clinical facts. International Journal of Psycho-Analysis, 75, 3-19.

Winnicott, D. W. (1953). Transitional objects and transitional phenomena—a study of the first not-me possession. International journal of psycho-analysis, 34, 89-97.

Winnicott, D. W. (1967). The location of cultural experience. International Journal of Psycho-Analysis, 48, 368-372.

往 / 返 / 第二空間

「i defense」

當防衛不再是心理的操作，
而是滑一下就可付諸的真實行動……

陳昌偉

臨床心理學博士

臺灣精神分析學會會員

相信自己可以掌控現實，不再只是幻想，而是指頭開啟app滑一下就可以辦到的。當我們說一個人慣用的防衛組合是一個人的人格特質時，在i時代下，是否只要看一個人手機裡有哪些app，就可以知道這是什麼樣的人格？要什麼有什麼的app，會幫助人們更適應現實？不再焦慮嗎？

　　網路會議室的電腦喇叭傳出個案憤怒的咆哮：「你一點都不理解我，為什麼你給不了我想要的回應呢？理解我要什麼有這麼難嗎？」怒吼聲震耳欲聾，我默默地伸出手，壓下降低音量的按鍵。在壓下按鍵的當刻，我恍然驚覺，如果這樣的情境發生在診療室呢？我有辦法只用我的指頭就讓個案消音嗎？回想在診療室中個案對我怒吼，我砰砰砰的心跳聲、又紅又熱的臉頰會提醒我，我正在生氣、害怕。若有餘力，我會在如此強烈的感受下，想一想我們之間正在發生什麼？在治療中有機會討論關於他的願望，只有他得到他要的，他有滿足的感覺時，我的回應才算數，其他一切發生在我們之間的各種討論、回應都會被認定是無用的。當面的討論，無論情緒再怎麼難以承受，我們彼此都沒辦法把對方真正消音。然而，當衝突發生在網路的虛擬診療室裡，只要動動手指，我們就真的可以把對方消音，於是對話帶來的強烈感覺瞬間消失，不想聽的就可以聽不到，如此我們還會有機會在保有感覺的同時，討論內在正在發生的事嗎？

　　冠狀病毒的肆虐，讓世界各國政府迅速採取嚴格的封鎖措施，台灣在2021年5月也跟上世界的腳步，在疫情升溫的同時，火速進入了三級警戒；人與人的會面從實體瞬間搬遷到虛擬空間，行程中增添了各種線上會議、線上課程、線上治療，人人都手忙腳亂地試圖搞懂各種線上平台的設定方式，這個要用zoom、那個要用webex，這些英文

名稱代表的各是何種空間的樣貌，我一點頭緒也沒有。我想起實體見面時，收到會面地點通知所顯示的，通常是一個地址，這個地址會座落在城市中的某個區域，例如台中市西區、南區、中區，在看到地址並構思要如何到達那裡的同時，除了在心中安排好路線、時間、交通工具，腦中也會浮現出屬於這個區域的風味：這是個時髦的新興商業重劃區，還是一個有著舊時代氣息的老城區？

　　近年在精神分析的領域裡，大家思辨著網路治療、網路分析究竟是什麼？會帶來什麼影響？網路分析還能說是分析嗎？這些討論還在緩緩進行著，然而，疫情鋪天蓋地的傳播，打亂了我們思考的腳步，治療師與個案都在猝不及防的狀態下，被迫從實體診療室搬移到虛擬空間。這也讓我想到，小時候聽聞老人家講述戰爭爆發而慌忙逃難的經驗，家家戶戶、左鄰右舍、攜老扶幼、打包收拾，即使前景一片茫然，也只能趕緊做出判斷，先逃再說！至於願不願意、想不想逃，這是安全存活下來之後的事了。還好，在疫情的浩劫之後，我們安然無恙，讓我有機會注意到這些不只發生在治療室裡，同時也發生在治療室外的網路經驗；這些網路現象對心智的影響，非常需要仔細的「被分析」。

有什麼不一樣？

　　故事始於某次晚餐聚會，席間，朋友提到一個他看到

的趣事。一邊聽著他的描述我一邊覺得熟悉，咦，這不是今天我在twitter上看的一則推文嗎？我好奇地問：「這是你自己看到的？還是在網路上看到的？」朋友一臉困惑地說：「有什麼不一樣嗎？」

有什麼不一樣？他的反應讓我思考，對某些人來說，在網路所見，與自己親身經歷到的，在他心裡有可能是沒兩樣的，特別是對於出生在網路時代的人，網路上的照片、影片、文章就等同於真實經驗。這個想法帶出兩個延伸的思考，一個是診療室中的詮釋，另一個是自身的網路經驗。

在分析工作中，「詮釋」是無比重要的工具。「詮釋」並非專屬於精神分析的技術，「詮釋」是對於某事某物所指稱的各種意涵之闡釋與理解，法條、藝術、音樂都是經常被詮釋的範疇。在分析的技術中，「詮釋」是一種假設性的表達狀態，一種試探性的陳述、提問，治療師使用詮釋來邀請個案注意在治療對話中，未被察覺的潛意識意涵，並進行思考。人與人的對話之所以有詮釋的可能，是取決於個案可以在語言、思考、情感中有一種玩味的能力，也就是分得出治療師在談的是一種情感狀態的移轉，而不是斬釘截鐵地陳述一個事實，「像」什麼而非就「是」什麼。如果無法玩味詮釋性的回應，個案會認為治療師的回應是一種指責並感覺到自己被誤會，治療關係也因此陷入對立、衝突中。

　　如果無法區分親眼與網路所見之間的差異，這是否意味著只要是眼睛看到的、耳朵聽聞的就是事實？那麼談感覺的時候就像是談雪茄一樣，雪茄就只是雪茄，沒有別的可能性了，那又怎麼會有詮釋的空間呢？

　　接下來是一個臨床的片段。

　　個案坐在沙發上呈現意興闌珊的態度，不太想說話，也不太看治療師。治療師問個案怎麼了？他看起來既消極，也像是拒人於千里之外。

　　個案說：「沒什麼啦，我想到我老闆好像看我不順眼，我做什麼他都不滿意，我在想既然這樣，乾脆擺爛就好了，我幹嘛還這麼認真？」

　　治療師想到最近兩人的互動中，治療師一直指出個案的阻抗是如何地運作，個案也經常用沈默不回應來表達心中的憤怒，這樣來來回回一陣子了，治療師想，或許此刻個案在表達的就是這種感覺。

　　治療師說：「或許你也在表達最近在治療中你對我的感覺，你覺得無論你怎麼做我都不滿意，好像老是在說你哪裡有問題，於是你也在這個治療中採取擺爛的態度。」

　　個案看起來很驚訝的說：「天啊，你怎麼會這麼想，我在講的是我老闆耶，絕對不是在講你，你不要那麼自戀好嗎？」

　　如果眼見的、耳聞的、口述的就完全等同於事實，我們還有移情詮釋的空間嗎？診療室裡也會碰到個案用網路

對話的截圖來強調這是「真實發生的事實」的例子。比方個案在轉述跟朋友之間的爭執時，冷不防把手機掏出來，問也沒問就把截圖湊到治療師眼前說：「你看，他真的就是這樣寫的。」前陣子許多人使用網路諮商，也曾聽聞有個案直接按下螢幕分享，把自己電腦中社群媒體的按讚數、留言內容直接分享給治療師看，來證明自己講的是「真的」。在分析治療中，治療師聆聽個案用自己的語言傳達著生活中他關心的人事物，個案訴說的方式、語氣、非語言表情，甚至是說溜嘴、前後不一致、遺忘，這些寶貴的訊息讓治療師試著建構個案豐富的內在世界：「個案的內在衝突是什麼？」「是怎麼防衛的？」一旦這些語言材料變成了手機裡的截圖，分析治療還能有詮釋的空間嗎？

　　網路所見所聞就等同於事實的例子，大量且頻繁地出現在日常生活中。近年來因為假新聞（比較中性的說法是不實資訊）充斥在網路上，對民主架構造成極大的危害，也讓人警覺到網路新聞的真實性需要經過謹慎的查證。這是我的一個親身經驗：某天，我注意到一則最近（2021年10月）美國達拉斯的新聞，這則新聞報導匿名者Q（QAnon）團體宣稱甘迺迪總統的兒子小甘迺迪（John Fitzgerald Kennedy Jr. 1960-1999），將會於某日現身於達拉斯迪利廣場，宣布他將與川普（Donald John Trump, 1946-）共同角逐2024年總統大選。此文一發，鼓動一群川普支持者前往

聚會造勢。

小甘迺迪於1999年駕駛小飛機不慎失事身亡，身為甘迺迪家族裡最具明星光環的政治人物，他的死因一直充斥著許多陰謀論，甚至許多小道消息宣稱他並沒有死，而是在等待適當時機復出。在匿名者Q的社群裡，小甘迺迪是討論度頗高的政治人物。

匿名者Q是美國的極右翼陰謀論團體，Q這個字是取自美國機密許可中的最高層級Q，他們聲稱握有美國政府內部最機密的訊息，吸引一些極右翼人士的追隨與關注。他們深信川普是救世主，而今年（2021年）1月衝入國會山莊裡的群眾，許多也來自匿名者Q的支持者。

小甘迺迪與川普將一起現身的網路推文吸引許多川普支持民眾聚集，同時也吸引看戲的圍觀群眾（網路上稱之為吃瓜群眾）拍照，他們各自把照片與評論放到twitter上。因為太獵奇了，一些主流媒體也報導了這一則新聞及其形成的網路現象。我看到這則新聞時覺得實在白癡得好笑，沒多想馬上動手就要把文章轉貼給朋友。正準備按下送出鍵時，我突然想起前陣子收到一則朋友轉發的影片，標題是「虎豹潭生死一瞬間」，由於當時在朋友群中，大家都高度關注戶外活動安全性的議題，看完影片後我沒多想就把影片轉發出去，後來經過朋友提醒，才知道這段影片是幾年前發生在菲律賓宿霧市的意外事件，根本不是才剛發生的虎豹潭意外──我也在毫無自覺的狀態下成為假

新聞的散佈者。這個經驗讓我再度思考，在網路上看到所謂的新聞，究竟有沒有真實發生？就算有，網路裡描述的內容與事實一致嗎？同時我也發現，即使不是親眼目睹，網路新聞已經影響了我的情緒，這個在遙遠國度發生的群眾事件，已經透過網路的傳播激起我生氣、鄙視的感覺，甚至因為憤怒感的驅策，我差一點不經思考就直接付諸行動，把影片轉發給朋友，企圖使收到轉發訊息的朋友與我情感同調，我們就可以形成厚厚的同溫層。這也是一個不經思考，動動手指就直接付諸行動的例子。

　　網路文章聳動的標題，也極容易在尚未閱讀全文的情況下誘發、激化人的情緒，讓人不假思索就直接採取行動。近期美國脫口秀演員戴夫查普爾（Dave Chappelle），在串流影音頻道Netflix上推出的喜劇特輯「華麗最終回」（The Closer）中，對跨性別族群開的玩笑所引發的爭議越演越烈，除了LGBTQ（同性戀、雙性戀、跨性別及酷兒）倡議組織激烈的抗議與譴責，同為非裔身份的國家非裔正義聯盟（National Black Justice Coalition）皆要求Netflix應該要下架該喜劇特輯。在一連串Netflix自家員工群起抗議的新聞中，我讀到一則新聞，標題上寫著「Netflix解雇了跨性別員工罷工行動的組織者」（Netflix just fired the organizer of the trans employee walkout），乍看之下這則新聞真讓人氣憤，我心想怎麼會有公司如此獨裁？非以行動抵制Netflix不可。但是等一下，標題下方還有一行小字

「公司懷疑他們向媒體洩露了戴夫查普爾特別節目的相關營收指標」（The company suspects they leaked metrics about the Dave Chappelle special to the press），仔細查看內文，文中提到Netflix公司內部的重要績效指標被該名員工洩漏給彭博社（Bloomberg News），因此遭到開除。又是這樣，我發現越是爭議性的事件，越是容易在不經查證、缺乏仔細閱讀的情況下，被挑起極端化的情緒，並準備採取行動。在網路世界中，行動化是動動手指就可以完成的事，非常容易！比方說，老人家們大多不熟悉網路運作的方式，但卻是網路新聞轉發的重要推手，就可以知道行動化在網路世界中執行的容易度。我也不禁思索，網路世界裡的我們，是否更容易招喚出潛意識中的分裂、極端化傾向？

在1941-1945年間，英國的精神分析師和移民至英國的維也納精神分析師，檯面上爭論著梅蘭妮・克萊恩（Melanie Klein）的精神分析理論是否偏離了佛洛伊德的基本主張，檯面下爭論的內容也包括精神分析學會的主導權、訓練架構等組織性議題，為了讓組織結構更民主，精神分析學會展開了一系列的學術討論會，雙方陣營各派出代表，提出自己的論文來對話與辯論，彼此爭鋒相對，互不相讓。我常在想，如果當年安娜佛洛伊德（Anna Freud）和克萊恩的爭論背景是發生在網路時代，論戰的場域是在網路的虛擬空間裡，整個故事的發展會不會演變為一場災難？兩方

陣營有可能保持對話嗎？會不會各自派出網軍製造假消息，抹黑對手、帶風向、惡意製造衝突與對立，激化仇恨情緒，讓精神分析的發展進入長期的黑暗？

i 心智

　　回顧網路全面入侵我們的生活，與智慧型手機的普及息息相關。2007年，賈伯斯（Steve Jobs）在蘋果發表會上宣布，蘋果公司將推出一個會改變一切的產品。首先，他提到1984年，蘋果公司推出麥金塔電腦，這台電腦不只改變了蘋果公司，也改變了整個電腦產業。2001年，蘋果公司推出了第一台iPod，不僅改變人們聆聽音樂的方式，更是改變了整個音樂產業。接著，賈伯斯說，現在蘋果公司要推出一個全新的產品，是一個結合iPod（音樂）、電話（通訊），以及網路（連結），一次滿足三種願望的革命性產品，這個產品就是iPhone。

Credit: Getty Images

　　iPhone剛上市時並不普及，當時市面上有較受企業用戶青睞，擁有一群狂粉（BBer）的黑莓機（BlackBerry）。一直到2008年，蘋果公司推出支援App store的iPhone 3G，除了蘋果公司開發的軟體，消費者可以在App store裡購買、下載第三方開發的各種應用程式。此後智慧型手機上的App越來越多，舉凡生活中各種娛樂、社交、金融、學習、通訊，都有各式App可供下載。時不時可以在新聞裡看到，哪一家新創公司又開發出一款大受歡迎的App，被大企業用高價買下，程式開發商一夕致富的故事。人們生活中的各種需要，都有人著手在開發App，使用者的滿意度越高，下載量越高，開發商的致富機會也越高。或許我們可以假設，從一個人手機裡App的屬性，好像也可獲知此人的生活型態，甚至是基本性格樣貌。密不可分的人機關係，一天24小時，手機不時的跳出提醒訊息，提醒我們要持續關注它（手機）。我們彷彿變成應用程式的載體，對科技的要求與回應越來越高，對人的期望越來愈低。

　　人手一機的時代來臨後，世界好似出現了新的物種——低頭族（phubber）。Phubbing這個字是由兩個單字組合而來，phone（電話）及snub（冷落、怠慢），亦即在與人共處時，低頭族通常也只顧著使用手機而冷落、忽略身邊的人。時至今日，低頭滑手機已是一個普遍的現象，我們可能都有這樣的經驗，跟低頭族聚會聊天時，總會感覺他對與網路世界裡的各種社交、訊息互動，比跟你互動的興趣高得多。而

雙眼直盯盯的看著手機螢幕，活脫脫就是欲力高度灌注的現象，手機成為欲力投注的客體，手機連結的社群媒體回應著我們的自戀。英國著名的新古典主義畫家約翰‧威廉‧瓦特豪斯（John William Waterhouse）1903年所繪的〈回聲與水仙〉（Echo and Narcissus），有人把畫中納西瑟斯（Narcissus）望向自己倒影的水池，改成了「IG池」（Instagram Pond），比水池更理想的是，IG池有濾鏡，可以把自己修成更理想的樣貌，眼睛大一點、鼻子高一些、膚質好一點，同時把生活裡全好的部分，像是吃美食、出國旅遊、擁有名牌精品等，種種想要被他人關注且羨慕的生活，皆以一張張自拍照（selfie）呈現，不只自己看了賞心悅目，追蹤者的按讚數更像是源源不絕的自戀燃料。為了永保自我感覺良好，當代的納西瑟斯們時時刻刻都要自拍、上傳，用盡方法得到足夠多的按讚數字。這種欲力高度灌注的現象，是否驗證了賈伯斯在2007年的預言：「iPhone是一個會改變一切的產品」？這個產品是否也改變了我們的心智（mind）？

Echo and Narcissus 1903. Credit: Wikimedia Commons

　　心智是一個讓人得以理解自身與他人的獨特構造，藉由心智運作，我們知道自己的觀點只是一種觀點，反映出自己是怎麼想的，也會知道別人可能有不同的想法，因此會好奇別人可能是怎麼想的，這在群體生活的適應中扮演非常重要的角色，對於與人心智深度互動的心理工作者來說，更是特別有感。在成為一個治療師的歷程中，我們學習理論、治療個案、接受督導、接受治療，這些都是讓診療室裡正在發生的現象，語言的非語言的，意識的無意識的，得到理解的可能。在我心中，成為治療師是一個養成的歷程，需要長時間持續的投入，同時不斷經驗到挫敗、復原、又挫敗、又復原的歷程，根本沒有捷徑。有一次，我在聽一個剛踏入臨床實習的實習心理師，焦慮的報告他進行中的治療，他提到他的個案是個話很少的人，五十分鐘裡，沈默的時間居多，就算有語言表達也多是「不知道」、「我腦袋一片空白」來結束對話，治療室裡凝結緊張的氣氛，讓治療師更焦慮了，他非常努力的想要解決這個無法溝通的僵局，於是，他想到何不使用牌卡來和個案互動？這樣就算個案缺乏自發性的談話，他也可以針對個案對牌卡的反應來工作。當他在提報個案對於牌卡的反應以及他做出的回應時，內容就像是在進行一個網路心理測驗，非常的含糊不精確。我當下很好奇的問他：「不知道你是如何學習使用牌卡來應用在臨床工作上？」他說他沒有真正的接受過訓練，但是可以從google裡找資料，YouTube裡

也有教學影片，他就是看網路自學，然後拿來使用在個案身上。當他這麼說的時候，我感到無比驚訝，原來網路自學的範疇，已經不再局限於某些技藝性項目，比如修水管、換燈泡、烹調食物等，而是什麼都可以找得到。自學者在看完網路教學，便「相信」自己已經會了，不假思索地就直接操作使用，一旦操作的對象不是燈泡、水管、食物，而是人，就像是臨床心理工作者，若也是以這樣的態度在面對臨床工作，就像是把心理工作視為一種單純的技術工作。心理治療的學習不免要經過一段鬼打牆的黑暗期，反覆感到挫折，承受一定程度的自戀受傷，知道自己明白了一些，但仍然有很多的不明白，然後繼續在黑暗中摸索。若承受不住焦慮，直接行動化，在網路上找資源自學，然後就相信自己已經學會並知道該怎麼做，有辦法處理眼前的困境，這種完全沒有經過現實檢測的現象，讓我想到另一個生活上的例子，關於網路交友。

　　在網路上要交新朋友好像不難，只要動動手指加一下臉書、IG、Line，甚至不用見到本人，彷彿就可以透過這些社群平台認識另一個人。從分享的動態中可以看到對方喜歡從事什麼活動、家裡有哪些人，以及價值觀、政治、宗教傾向。互加好友後，彷彿有一種我們真的是好朋友的錯覺，不用實體見面也可以天南地北無所不聊，分享生活裡的點點滴滴，這讓我想到從小到大與實體朋友吵架的經驗。求學時代跟姊妹淘每天黏在一起，有講不完的話，分

享不完的小祕密，但不免因為一些小誤會，彼此心中有了嫌隙，這種愛恨交織的感受真是痛苦又折磨。氣得不得了時難免在心裡嘟囔著：「以後再也不要見到你了！」但怎麼可能，只要到學校，那個讓人又愛又恨的傢伙就會出現在眼角的餘光裡，耳邊傳來他與其他人嬉笑的聲音，關也關不掉，自己心中也忍不住會想：「他也在注意我嗎？他會不會跟我一樣很難過呢？」如果看著他一個人落寞的神情，心裡也會酸酸的，即使餘怒未消，終於還是會走向前去向他說：「嗨，我們和好吧！」百轉千迴的心裡掙扎，不會在社群平台上經驗到，「我再也不要見到你」可以變成一種動動手指就可執行的具體行動，只要按下解除好友關係的選項，封鎖加上刪除，對方就像是真的從自己的世界消失了一樣，不只自己看不到對方的動態，對方傳給你的訊息也不會出現。除了封鎖加刪除，網路上滿滿的好友斷捨離教學，有如何把對方封鎖但不會被發現的技巧、或者要怎麼發現你的好朋友是不是把你封鎖了、以及當你後悔時要怎麼樣把封鎖的人給加回來。在實體的人際關係中，「絕交」是個很大的決定，得要歷經許多內心的交戰，而網路交友，可以不假思索地動動手指，滑一下就解除或恢復朋友關係，我不禁在想，網路世界中，我們還有辦法對失去所愛而哀悼嗎？

永遠滿足、不需哀悼

　　任教於麻省理工學院、知名的科技與心理學家雪莉‧

特克（Sherry Turkle），在她的著作《在一起孤獨》（Alone Together）中指出，當今人們處在一種「永不下線」的新時代，擁有一種「拴上連結的自我」（a tethered self），這是一種非常弔詭的狀態，時時刻刻都處在一種連結（上網）的狀態，把人從當下抽離。比如說正在同桌聊天的朋友，會突然離開此刻，全神貫注在網路世界裡。在郊外踏青時，也不時會看到一邊看著手機一邊推著嬰兒車的父母，嬰兒車裡的幼兒也是目不轉睛盯著看手裡的手機。身體在場，心卻在別處。特克認為網路以一種極為個人主義的方式培育自我的文化，引誘自我以自戀的方式與世界建立關係，前陣子有一個「美少女重機騎士」的新聞可以說是呼應這個現象。

日本有一位在推特上很有名的重機騎士「宗谷的蒼冰」（宗谷の蒼冰），金髮、身材姣好的她，時常在網路上分享自己的重機日常，頗受男性網友歡迎。某次一位網友眼尖發現她分享的照片裡，機車的後照鏡裡有一位老先生入鏡，讓他相當好奇老先生的身份，於是委託日本一個叫做「有的沒的調查局」（月曜から夜ふかし）展開調查。節目製作組與騎士本人約好後，赫然發現該名騎士真實的身份是一位五十歲的大叔，他是使用一款叫做「FaceApp」的軟體，這款軟體的功能不只是修圖、美肌，還可以把大叔變成妙齡美女，大叔也現場示範了這個變臉的神技。製作單位的工作人員很好奇大叔這麼做的動機，大叔說，以前

他分享自己騎重機的照片時，按讚數少得可憐，當他發現這款軟體，一開始只是好奇地把自己的照片修改成金髮美女的模樣並放在網路上，結果按讚數瞬間暴增，激增的人氣讓他自此之後愛上變臉而無法自拔。無論是使用修圖軟體讓自己在照片與社群媒體中看起來符合心中理想的樣子，或是沈迷於按讚數以維持自我感覺良好，網路裡培育了可以無限滿足的世界，我們還能哀悼嗎？

什麼是可以哀悼（mourning）？這牽涉到哀悼的內在歷程。就是人在現實上知道所愛的客體不在了，應該將原欲（libido）由客體身上撤回，但如果在心理上不願意放棄對客體的原欲灌注，這就是「憂鬱」（melancholia）的狀態。佛洛伊德（Sigmund Freud）在〈哀悼與憂鬱〉（1917）這一篇文章中提到，當我們可以把原本投注在客體上的原欲回收，這個原欲可以繼續使用，之後還可以灌注在其他客體上，這就是「哀悼」。而「憂鬱」的意思是，原欲不只無法回收，反而是把客體給收進來，也就是認同那個已失去的客體，把客體變成自己，此後不用再愛客體，不用承受會失去客體的痛苦，只要愛自己就好了。

「哀悼」是一個正常的現象，是一個對「失去」的反應，失去什麼呢？可能是失去所愛的客體，不一定是人，也可能是一些抽象概念，比如自由、理想、青春、健康。「哀悼」不是一個平常或一般的狀態，但也不是病態。在失去的時候，自我會投入哀悼程序，對外界的興趣與活動會暫時性的

抑制，但會隨著時間而慢慢的恢復。哀悼需要歷程，必須要一點一滴，花時間、花能量完成的。一開始像是一個過度灌注的狀態，會把對客體的記憶，比如曾經一起去過哪裡、發生什麼事情，重新想起且高度灌注，但是每次想起都像是被提醒這個客體已經消失的事實，這樣的歷程要反反覆覆的經驗，對客體的原欲才會一一卸除，最終人才可以接受失去的現實，自我才會自由而不受抑制。

　　就像與好友鬧翻，即使不說話，彼此都還是在視線範圍內，只是發現他的眼神不再注視你，甚至他已經結交新的朋友，無論怎麼不願意，我們就是得看到這樣的情景一再一再的在眼前上演，悲傷、痛苦、嫉妒，難以承受的情緒就像海浪一樣，捲上來把我們吞噬，然後又歸於平靜，這樣的歷程會反覆經驗，直到心裡接受你們之間已經形同陌路了，而你也可以主動去找尋其他可能的友誼。如果這樣的情景發生在網路上呢？跟網友一言不合，互看不順眼時，只要動動手指，在社群軟體上按下解除朋友關係的按鍵，不但解除了兩人的朋友關係，甚至對方就像是消失在這個世界上，若是加上封鎖，就算對方想要找你說話，你也不會看到對方的訊息。失去客體的這件事，不會是一點一滴慢慢經驗的歷程，只要動動手指，幾秒鐘的時間就結束了。

現實檢測

　　哀悼工作中不可或缺的是現實檢測，佛洛伊德說：

「我們需要在哀悼中花時間仔細進行現實檢測（testing of reality）的工作，當這項工作完成時，自我便能成功地讓原慾脫離已失落的客體。」也就是發現失去其實沒有那麼可怕，我們還有開心的能力，仍會對生命中的各種美好感興趣，那我們就可以哀悼，重新獲得愛人以及被愛的能力。

　　克萊恩在〈論躁鬱狀態的心理成因〉（1935）文章中提到，當孩子無法再把媽媽分裂為好媽媽與壞媽媽，也就是他不得不面對的現實，其實是媽媽並不完美，無可避免的會讓他挫折，於是孩子會產生偏執焦慮，擔心攻擊媽媽而媽媽會反擊；同時也有憂鬱焦慮，擔心自己的攻擊會不會傷害、殺死母親，因此飽受罪惡感的折磨。偏執焦慮加上憂鬱焦慮的夾攻，孩子要動用各式各樣的防衛來避開對母親又愛又恨的矛盾，像是否認、內化、全能自大。可是防衛必須是暫時的，必須要再回到憂鬱位置，進入哀悼修復的歷程，這個歷程中要進行的就是現實檢測，透過現實檢測，孩子害怕媽媽被他攻擊後死掉，或者是被媽媽反擊，但是結果都沒有發生，因為沒有發生，在得到反證後就知道原來沒有關係，結果沒有像自己想的那麼恐怖，孩子就可以進入安穩的建立內在好客體的狀態，最終可以建立一個安穩的內在客體，信任自己有愛和修復的能力，相信內在世界的整合與安全。

　　為什麼要透過現實檢測來哀悼自己的失去，知道失去的不只是一個壞人，一個全然討厭的人，而是一個有好有

壞，令我們愛恨交織的完整的人是重要的？因為唯有這樣，我們才能接受客體的有限性，我們會知道自己並非全然擁有，但也並非什麼都沒有。如果我們接受現實，知道失去的是一個有好有壞的完整的人，是一個有限的人、一個真正的人，我們才有辦法把那個人真正的放在心裡面。

　　但是接受現實有那麼容易嗎？克萊恩在現實檢測的部分做了一些說明；她在1940年〈哀悼以及其與躁鬱狀態的關係〉這一篇文章中，談到自我在經過哀悼的歷程，會到達一個新的位置，也就是「憂鬱位置」；客體終於能以一個整體被愛，我們也才會知道失去的是一個完整的客體，這個新位置，就是「憂鬱位置」，是失去所愛客體情境的基礎。這是一個從偏執位置到憂鬱位置的歷程，我們看到的不是乳房，不是部分客體，而是一個完整的人，我們也才能覺得失去的是一個完整的客體，所以在憂鬱位置，我們感覺到的「失去」，是一整個人，這是一個痛苦、恐怖但無比重要的感覺。在網路上，不再只是心理防衛，而是發動真實的防衛行動，避免自己進入憂鬱位置。這讓我想到這幾年在網路上興起的取消文化，群眾發起對某人的抵制行為，企圖完完全全的抵消一個人的存在與影響力……

取消文化、極端化

　　隨著哈利波特電影發行20週年，各式紀念活動與節目熱鬧的展開，但是紀念活動裡卻不見作者JK羅琳（J.K.

Rowling）的身影。原因可能與JK羅琳對於跨性別族群的一些爭議性發言，引起網路社群激烈的抨擊有關——網路意見領袖發文抵制JK羅琳。被切割、除名，這是「取消文化」（cancel culture）用以抵制某些人或言論的方式，在網路上特別容易操作。比如不同意某位名人的發言，便在社群媒體上號召網路群眾用言論力量讓他下架、消失。美國前總統歐巴馬（Barack Obama）指出，取消文化養成「正義魔人」（social justice warrior）的危險性。例如在推特上揭露某人的錯誤言行，可能會讓推文者自我感覺良好，覺得自己是站在道德制高點上評斷他人的所作所為。取消文化以一種偏執的型態，賦予人們評斷他人的權力，讓人們忘記做錯一件事的人，並非十惡不赦，一無可取。

　　每個人在成長的經驗中，可能都有過這樣的驚訝：發現自己曾經相信的價值，或者過去曾經欣賞的藝術、創作、文學作品，在當代卻可能被視為抵觸主流思潮的錯誤想法。2020年台灣奇幻浪漫電影《消失的情人節》，劇中男主角趁著時間停止，帶著暫時失去意識的女主角重遊兩人童年同遊的景點，男主角也在女主角失去意識的狀態下輕吻她的額頭。這些電影中奇幻又浪漫的安排，突然在網路上掀起爭議，一些網路意見領袖嚴正的提出這是美化性騷擾，不尊重女性身體自主的錯誤示範，這絕對不是愛情片，而是恐怖片，應該要讓電影下架。討論的聲量之高，

迫使導演陳玉勳做出回應，表達他想要呈現純愛故事的動機。不過，他也寫下一小段耐人尋味的話，他說：「過這麼久，你跑來攻擊我，我真的很傻眼呀！被鞭屍的感覺。請多關心現在正在熱映中的賣座國片吧，話題應該是在那邊，不是在已經下片5個月賣座不好的電影呀。還有，劇中角色講的話不代表是編劇導演內心要講的話喔，不然警匪片每個導演都是歹徒了。」如果作家、藝術家因為害怕失去工作，不敢提出主流以外的思考，那麼我們整個社會將付出很大的代價，也就是民主討論空間的消失。在所謂的鄉民正義背後，會不會正浮現出網路容易放大極端化特質，討論空間反而被取消的危機？

　　2021年科技界的大新聞就是臉書公司要改名為「元宇宙」（meta），為什麼要改名？可能的理由眾說紛紜，一些評論者認為，臉書公司想要藉由改名來改變為富不仁的形象，公司高層明知後台編輯程式的演算法，會在使用者不知情的狀況下「被決定」看到哪些訊息，推播的訊息會讓青少年滑不停，甚至對民主的理性運作造成嚴重的極端化傷害。然而整個公司仍以創辦人祖克伯（Mark Zuckerberg）的意志為絕對，以各種演算法來操弄爭議，甚至犯罪性的觸及率，而讓公司賺大錢。在一波波的檢討聲浪中，讓人傻眼的是祖克柏推出的改善方案居然是改名！這個方式也是一種防衛的、沒有檢討、沒有歷程，就像在社群軟體上改變自己的使用者名稱、頭像一樣容易，好像

改了名字就變了個人。祖克柏屢屢強調，Facebook的核心價值是連結，即使在聽證會上，他也是如此堅持。但是檢視臉書近年來的發展，不禁讓人懷疑臉書的核心價值並非是一開始所宣稱的，增進人與人關係的連結，反倒更像是滿足慾望的渠道。這個問題可以回推到祖克柏2004年推出臉書的動機，是為了要有更多機會認識朋友，或者更直白地說，是為了要增加認識女孩的機會。而現在的臉書，充斥著被演算法推播的廣告，以及越來越厚的同溫層，人與人連結的感覺越來越淡，被控制的感覺卻越來越重。

2021年緬甸羅興亞（Rohingya）難民控告臉書公司未阻止仇恨、分裂的言論在臉書上散播，助長針對羅興亞族群的屠殺暴力事件，才讓臉書在族群對立的關鍵性角色曝光，這與臉書在緬甸的高普及率有極大的關聯。當緬甸的人民買了智慧型手機後，第一個動作是下載臉書App，因為臉書是少數支援緬甸文的網路程式，這是google和其他入口網站所缺乏的。緬甸總人口約5000萬人，大約有1800萬人是臉書的高度使用者，對許多緬甸人來說，臉書是網路的同義詞，他們在臉書裡看到的言論，會被當作是新聞，代表著事實，於是一些激化的言論，在點下去閱讀的那一刻，就幾乎是決定了使用者的世界，讓使用者在毫不覺察的情況下，被臉書頻繁的推播相似的新聞，使用者情緒逐漸被激化，進而影響自身的判斷。

網路時代的鄉愁

　　疫情的爆發，許多心理治療都搬到網路上繼續進行，即使疫情趨緩，一些治療師與個案也都不打算再搬回實體空間了；他們覺得網路治療方便、觸及率高，不用擔心遲到、交通問題，也免除同一空間下兩人無話可說的尷尬。可以說我老派吧，我想到《慾望城市》（sex and the city）的最終集，女主角凱莉（Carrie）強烈的表明自己不會接受只在意方便的愛情，她說：「我是一個尋找真愛的人，我要的是那種熱烈瘋狂、赴湯蹈火、轟轟烈烈、至死不渝的愛。」（I am someone who is looking for love. Real love. Ridiculous, inconvenient, consuming, can't-live-without-each-other love.）對於精神分析的追求，我想到佛洛依德在談到對於分析時間、金錢的投入，他說，分析的耗時總是遠久於病人所期待的，雖然縮短分析療程是合理的願望，但是要達成心智深度而持久的改變必定是緩慢的，尤其潛意識是不受時間影響的（timelessness）。若將佛洛伊德對於分析的態度與凱莉對於真愛的追求做比較，可以發現基本態度是相似的，他們追求的不是方便的、想要就有的、可有可無的分析/愛情，他們追求的是真實的、費力的、全神投入的分析/愛情。

　　最後我引用大衛鮑伊（David Bowie）於1999年，接受英國廣播公司主持人傑瑞米‧派克斯曼（Jeremy Paxman）的訪問，關於他對網路的看法，一段極具先見之明的談

話。大衛鮑伊在網路興起初期，是走在時代前端的網路先鋒，在1996年，大衛鮑伊將他的單曲〈Telling Lies〉發佈於網路上並提供下載，當時大衛鮑伊是第一個做這樣大膽嘗試的主流歌手。1997年，他把整個演唱會放在網路上播送，這個舉動在當時可說是非常冒險，因為撥接速度緩慢，大部分的人都無法正常觀看，但都沒有讓大衛鮑伊對網路的探索止步。

David Bowie in 2001. Credit: Dave Hogan/Getty Images.

　　傑瑞米・派克斯曼在新聞之夜的節目上（Newsnight）問大衛鮑伊對未來網路發展的預測，大衛鮑伊先用較為哲學性的觀點來回應他對網路的看法，他說網路是「打著顛覆性的旗幟，可能是反叛的、混亂的、虛無主義的」，主持人傑瑞米顯然不滿意，他繼續問：「網路的具體內容是什麼？我的意思是，如果任何人都可以（在網路上）說任何話，這全部加起來的後果會是怎樣？」大衛鮑伊回答：

「無論好與壞，網路對社會的潛在影響難以想像，是令人振奮的，同時也是令人畏懼的，我認為我們甚至連冰山一角也還沒看到。」傑瑞米反駁：「但是它只不過是一個工具不是嗎？」大衛鮑伊用他沙啞的嗓音笑著說：「火星上有生命嗎？是的，它剛剛降落在這裡。網路是一個剛剛登陸的外星生命體。」網路絕不只是個工具，是一個難以預測其對人影響力的有機體。

　　洋洋灑灑寫了許多，我注意到自己在撰寫的過程中持續感受到失落，會不會這些反覆思辨都只是我的鄉愁？我在哀悼一個回不去的世界，那個世界裡，我想聽音樂時拿起的是卡帶、CD，雖然無法想聽就聽，有時也會因為無法立即得到滿足而挫折，但我記得把包裝拆封時心裡的悸動。想看電影時，要去查閱電影播放時間，盤算著與哪一家影廳的播放時間最能搭配得上，同時擔心著排隊人潮是否過多而買不到票或選不到合適的位置，但無可比擬的是，進入影廳後，就像跟世界暫時斷了聯繫，完全沈浸在電影的世界裡，這是無與倫比的體驗。想念遠方朋友時，我會精心挑選信紙，然後提起筆，一筆一畫寫下對朋友的思念，然後裝進信封、貼上郵票，大費周章地拿去郵寄，並在心裡惦量著朋友收到信了嗎？怎麼還沒回信呢？跟家人、好友相聚時，我們的眼神是望向彼此，而不是各自注意手裡的網路世界，有時得要忍受沈默的尷尬，但你一言、我一語的搶話，歡笑，紮紮實實建構了彼此的情誼。

　　伍迪艾倫（Woody Allen）在他的電影「午夜巴黎」
（Midnight in Paris）裡，有一個核心的論述是，人總是認
為過去的年代比較好，所謂的鄉愁其實是一種否認，是以
一種浪漫的懷舊情懷否認當下的痛苦。我想我的鄉愁與懷
舊並非是抗拒網路，覺得有網路以前的世界比較美好，而
是希望在網路時代的脈絡下，能自由的思考自身與網路的
關係，而非毫不覺察的被網路這個外星生物給綁架。

網路的身體經驗

全能的身體做著漂浮的夢，
半人半神的賽博格玩著分析的遊戲

王明智

諮商心理師

小隱心理諮商所所長

臺灣精神分析學會會員

突如其來的疫情，打破了台灣防疫模範生的全能感[1]，讓遠距治療成為不得不的選擇；治療師被逼得要以網路從事治療，或者中斷治療。如何不脫離熟悉的精神分析太遠，成為一大難題。

---

[1] 《NOWnews今日新聞》（www.nownews.com）2021年5月25日報導，〈台灣失守？外媒探討防疫破功原因〉：⋯⋯《彭博社》在19日時，刊出「自滿讓新冠病毒侵蝕台灣唯一防線」（Complacency Let Covid Erode Taiwan's Only Line of Defense），點出台灣在這波疫情中最大的問題，首先是篩檢率過低，與鄰近國家相比，台灣截至16日，每1000人中只進行了約0.8次檢測，而提高檢測量是了解病毒傳播的重要途徑。

報導引述美國病毒學家波蘭德（Gregory Poland）：「有300起確診，表示社區內可能有不知道的3千個病例。」他建議：「需要『硬封鎖』（hard lockdown）切斷傳播鏈，然後儘快接種疫苗。」

而造成疫情擴散的另一個問題則是疫苗接種率過低。截至17日為止，台灣約2350萬人口中，僅有0.9％接種了首劑新冠疫苗，比起其他疫情已明顯獲得控制的國家，如中國的14.5％、英國的30％、美國的1/3，顯然還不充足。

《彭博社》更指出，台灣對防疫成就的自滿，侵蝕了台灣的防線，疫情彷彿只發生在外面的世界，而關鍵之一的破口就是4月中旬縮短機組人員隔離期，導致染疫機師將傳染力更強的英國變種病毒，經由萬華茶藝館加速傳播。

不只是《彭博社》提到台灣對防疫成就自滿，《BBC》20日的報導中，引述台灣大學流行病學與預防醫學研究所教授林先和的說法，指出台灣醫生沒有認真對待，醫院也沒有戒備病毒，更沒有積極進行追蹤接觸，顯示出「某種自滿心理」。

前言：精神分析的身體

　　網路治療對精神分析帶來的首要挑戰便是身體，因為精神分析的起始點便是身體，因此在思考網路的身體經驗之前，我們先來看看精神分析的身體觀。

　　從早期佛洛伊德對歇斯底里症的研究，《夢的解析》所揭示的嬰兒式的願望，《性學三論》論述的性心理發展，焦點便是一個本能/驅力的身體。

　　Freud在〈本能及其流變〉[2]中如此看待本能：

　　「本能絕不僅是產生暫時的力量，而總是穩定的力量。再者，既然本能產生於有機體內部，那麼要逃避它是不可能的。描述本能刺激更好的術語是需求（need），要消除需要就要滿足（satisfaction），而滿足只有透過對內在刺激的適當（足夠）改變才能達成。」（p.118~p.119）

　　「源於有機體內部的本能刺激卻不能用這種機制對待（作者：透過肌肉動作以逃避刺激），它們對神經系統提出更高的要求，使它不得不採取一些聯合性活動，藉助這些活動使外在世界產生變化，好滿足內在刺激的要求。」（p.119）

---

[2] Freud, S. (1915) Instincts and their Vicissitudes. The Standard Edition of the Complete Psychological Works of Sigmund Freud 14:109-140

　　為了處理本能/驅力帶來的衝擊，主體動員神經系統採取的活動就是心智（mind）。其中主要依循的便是「快樂原則」：

> 「如果我們現在從生物學的觀點來思考心理生活，那麼，我們就會把『本能』當作介於心理與身體之間的概念；當作刺激的心理表徵，這些刺激源於有機體內部並觸及心理；以揣度心理活動的需要量，這是身心相互連結的結果。」（p.122）

　　這番論述帶出了從身體到心靈的革命性飛躍，這也是精神分析的基石。

　　接著佛洛伊德在〈自我與本我〉[3]（1923）中也談到：

> 「自我首先是一個身體的自我；不僅是一個表面的實體，而且還是一種表面的投射。如果我們想為它找一種解剖學上的類比，可以很容易地把它等同於解剖學家所謂的『大腦皮層上的小人』（cortical homunculus）......」

---

[3] Freud, S. (1923) The Ego and the Id. The Standard Edition of the Complete Psychological Works of Sigmund Freud 19:1-66

　　下圖簡單地勾勒出，我們的心理經驗以及對自己的看法，都是從身體和對身體的表徵（representation）開始，關乎我們如何表徵（再現）幻想，體驗並且形構在身體中。換句話說，分析體驗的重點是，如何把我們將存活於身體的經驗，還有它們的表徵：想法、症狀、身體化、夢、移情等，召喚心智加以思考，最終以語言的形式再表徵。

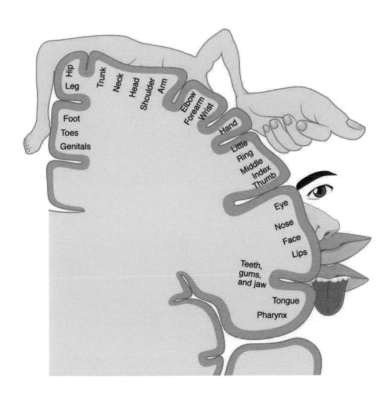

　　這帶給我一個奇想：如果一切的存有（being）皆從能量的凝聚與流動開始，或許連身體的存在也只是某種能量運作，表徵自身的方式，或者顯現自身的結果。也就是說，從身體到心理也只是能量光譜的一部分，能量試著從最原初之處不斷地轉化形變（transformation），表徵自身，驅力的另一種解讀便是在形容這種光譜4。

　　這種奇想也接近於拉康（Jacques Lacan）的真實界（the Real），或者跟Bion無限、未分化的O很接近。對拉康來說，我們的身體與母親最初的聯繫，隨著我們的出生成長永遠地消失了，但此種空缺與失落會銘刻在身體裡。但是Bion認為，即使我們無法直接觸及O，這種古老的鄉愁，還是可以透過K來探究並趨近O。這種從永恆的失落以及對它的渴望，驅動著我們進入拉康所說的象徵界，還有Bion透過網格圖所要傳達的Transformation in O。

網路的身體

　　接下來我們來思考網路的身體。從上述的脈絡中來思考身體經驗，還有如何表徵，我們會發現透過網路世界，科技的運用，以及相關軟硬體技術的傳導，這些表徵被化為數位資訊，被治療師與個案所接收、感受、思考。因此，這些表徵透過網路媒介，一定程度被媒介還有使用媒

4這有點接近康德「物自身」的概念，也類似〈心經〉說的：「無受想行識。無眼耳鼻舌身意。無色聲香味觸法。無眼界。乃至無意識界。無無明。亦無無明盡。乃至無老死。亦無老死盡。無苦集滅道。無智亦無得。以無所得故。」

介的我們「再表徵」，所以網路分析比之實體分析，我們
要處理的表徵又多了至少一個（或數個）層次要加以轉
化。

　　分析師－個案－分析思考

　　分析師－網路－個案－分析思考

　　簡言之，我們要面對的便是網路這個特殊的媒介，透過
這個媒介溝通的同時，這些經過媒介所表徵或者扭曲的訊
息，會對於分析的過程產生麼影響？分析思考要如何對峙？
網路這個媒介會更增進我們的溝通？還是會阻礙我們的溝
通？甚至扭曲溝通的訊息？這是我們需要謹慎小心之處。

之一、網路治療的身體樣態

　　讓我們先從網路分析治療的經驗開始思考。

　　（一）**分離的身體**：讓我們設想一個治療場景。因為疫情驟
降，改為遠距治療後，個案忽然意識到某種失去；那些前
來治療的路上，無論是搭捷運、診療室附近的公園、餐
廳、咖啡館；那些等待治療的時光，放空時周遭的光線聲
音與溫度濕度，這一切宛如無形的渠道般，扶持著個案通
往治療。或者說，像是一個過渡空間，讓個案得以從外在
現實通往內在現實。

　　隨著網路治療，過去被個案忽視的外在現實，現在卻
被意識到。譬如在治療師更換診療室後，個案長久以來不

讓自己注意治療師新的診療室，總是一股腦地倒進躺椅，摘下眼鏡，讓自己沉浸在模模糊糊的視覺經驗中，似乎要否認這樣的失去，卻因為後來改為網路諮商，忽然發現自己視而不見的環境，一一浮現。這帶出身體記憶比之語言/文字記憶（治療中的詮釋）更有深遠的影響；換句話說，在分析中探索的潛意識，毋寧更是身體的。

這個臨床片段讓我們清楚看到精神分析「設置」（setting）與「框架」（frame）的重要。

設置的重要

不知道你會如何看待「設置」，若我們給「設置」一個簡單的定義，或許就是提供一個穩定的環境，使個案能經驗與其無意識、童年、個人衝突相關的體驗，這種經驗毋寧來說，意味著體驗移情。若是從這個角度出發，從實體轉換到網路，遠距治療並非不能運用在精神分析，只是「設置」改變了。

若我們用Bion的container-contained的概念來看，網路的「設置」比之實體「設置」都可以是涵容個案投射潛意識素材（β元素）的環境，在網路的「設置」下所發生的治療性互動，也具有真實（而非虛擬）的代表性。

這位個案的經驗帶出了原有「設置」跟身體有關的面向消失不見，當治療師與代表治療師身體的治療室不在現場，個案頓失所依。治療師去注意到這巨大的錯愕與失落

並加以處理是很重要的。特別是實體治療透過身體傳達被
涵容的感覺，可以建立安全感，引導個案從外在現實逐漸
地步向內在現實。

　　全新的網路治療將取消原有的身體被涵容感，個案將
擁有全新的身體覺受。如何引導個案從一片慌亂中逐漸地
注意到眼前當下的身體經驗，建立新的「設置」，將是治
療師的挑戰。

早期分離的喚起

　　網路治療的分離，發生在治療師與個案身處不同的處
所。這樣的分離意味著甚麼？個案失去的是宛如治療師身
體的診療室，或者安全的子宮。個案像是被棄置在嬰兒床
的寶寶，在僅有的二維空間裏（電腦屏幕），甚或一維空
間（聲音）感受到與母親分離的無力。

　　此時個案要如何安慰自己？有可能是自家沙發的枕
頭，或者是旁邊的寵物，這樣的安慰像是一種孤獨的自體
性欲。又或者安慰來自網路那端，治療師的話語，聆聽時
讓個案想起小時候與母親長久的分離，小學返家後，一時
不知如何與母親相處，唯一自然的親近便是生病時，母親
會在床邊照顧他，講故事給他聽。此時透過耳機傳來的治
療師聲音，宛如兒時母親的撫慰。

　　即使科技日新月異，我們從早期與遠在他鄉異國的親
人通電話的昂貴，進展到現在輕易地連線上網，伊人近在

眼前，我們還是失去了眼前完整的人，一個具有溫度的肉身。這樣的分離喚醒了我們生命早期的分離經驗，使我們遠離了真實界，墜入了拉康說的象徵界。

好消息是，只要治療師有注意到，而且願意聆聽，讓個案有機會說，心智仍會動員它的思考功能，使得這份分離以具有創意的方式被安放。

（二）**漂浮的身體**：網路的身體是漂浮的身體。肉身的存有不在眼前可以觸及，頓時化為鬼魅一般的存在。

我們甚至不知道個案身在何方？旁邊有誰？會談的隱密性有被確保嗎？有時我們可以透過鏡頭瞥見鬼影一般飄過的他人，或者看見其生活場景，霎那間，治療師也會產生一種不知道自己身在何方的感受。又或者身為治療師的個案躺在自己診療室的個案躺椅上接受分析，忽然間不知道自己是誰？是治療師還是個案？這種身分認同的錯亂讓她腦中一片空白，久久說不出一句話來。

這樣的漂浮很有可能是實體空間的存有被取消，可以表徵自己的具體環境變得無可攀附，我們的內在心智宛如鬼魂般流浪於世。雖說這個歷程最終會慢慢習慣，無論是治療師或者個案都會重新找到可以攀附的空間，讓自己身心得以安歇。

另一方面，治療師與個案見面的空間發生在空中，沒有可以共享的空間，兩個人只要一指按鍵就可以登入虛擬

的會議室，像是兩個飄浮在空中缺乏肉身的魂魄。

　　新進的元宇宙（Metaverse）技術[5]雖然創造出擁有更多體感的共享空間，讓原本的視覺聽覺加入更多覺受（譬如觸覺、運動覺），透過栩栩如真的錯覺來騙過身體與心智，期待可以再造那失去的共享空間。然而數位空間畢竟離真實的肉身空間還是有一大段空缺，這種落差對心智造成的飄浮感，需要被細心的治療師注意並且處理。

(三) **破碎的身體**：週三，治療師收到兩位no show的個案不約而同、發來一模一樣的簡訊：「抱歉，我以為今天是禮拜二。」

　　不僅空間轉換帶來身心不知如何安放的錯亂，過往空間的體感所連帶的時間感也錯亂了。實體空間的三維時空，因為轉換為網路，產生一種漂浮感，讓我們的身體記憶沒有地方著床。

　　另一位個案因為把手機遺忘在它處而忘記治療，提醒治療時間的身體記憶與手機綁定一起，沒有手機就失卻了身體記憶的線索。這種感覺就像是從實體治療的三維空間墜落，產生一種暈眩的混亂。這讓我們不禁思索，當身體經驗某部分與手機這個物質介面綁定，不也是人機一體的

---

5 關於元宇宙的參考影片：
https://www.youtube.com/watch?v=GyPjuvebdIM
https://www.youtube.com/watch?v=Ff6_lvnYCK4&t=1s

證明？手機不僅是外在於我們的載具，也成為身心的延伸、組成的重要部分。

當我們把手機遺忘在某處，就像把我們的身體（還有連帶的心智）遺忘在某處，這種psychotic的經驗，就像是Winnicott[6]談到的例子：

> 人們通常假定自己的位置是在自己的身體內，但分析中的一名精神病人則開始認識到，當還是嬰兒時，她以為在嬰兒車另一端的雙胞胎是她自己。當她的雙胞胎被抱起，而她仍然留在原地時，她甚至感到驚訝。她的「自體感」和「非自體感」未得到發展。另一位精神病人在分析中發現，大部分時間她都生活在她的頭裡，在她的眼睛後面。她只能從她的眼睛看出去，就像從窗戶看出去那樣，因此她不知道她的腳正在做什麼，她容易掉進坑中並絆倒，「她的腳上沒長眼睛」。她感覺個人不在她的身體中，就像是她必須在有意識的注意和技巧下駕駛一個複雜的引擎。另一個病人，有時候，住在一個20碼高的箱子裡，只透過一條細線與她的身體連結。（陳瑞君 譯）

---

[6]Winnicott, D. W. (1945) Primitive emotional development. The International Journal of Psychoanalysis, 26, 137–143.

這樣的描述是不是也很像我們剛開始學習電腦，試著了解各種指令還有操作滑鼠的經驗？人機分離的身體，經驗到被拆解為破碎、四分五裂的身體，就連心智的感覺也是破碎的。尚未整合的身體覺受，使我們回到生命早期的精神病覺受。當我們試著將電腦以及自己的身體整合在一起，試圖在網路世界建立另一個自我，享受另一種人生，都會經驗生命早期的這個歷程。因此我假定網路治療開始的初期，由於缺乏經驗，我們的身體還有連動的身體自我，便會經驗此一重新整合的過程。

治療師協助建立設置

Winnicott在同一篇文章繼續思考這種生命早期的未整合現象，並且建議分析師可以做甚麼來促進整合。

> 病人非常普遍的經驗，提供了一個未整合現象的例子。病人持續給出週末的每一個細節，如果有說完一切，最後就會感到心滿意足，儘管分析師覺得沒有做到任何分析工作。有時，我們必須將其詮釋為，病人需要被另一個人，也就是分析師，知道他的所有片斷，「知道」意味著至少在一個認識他的人身上感到整合。這是嬰兒生活中的一般事務，一個沒有人幫他的片斷收集在一起的嬰

兒，會在他的自我整合任務開始時就殘廢
了，也許，他根本沒有機會成功，或者無論
如何都無法有自信去維持整體。
在環境方面，育兒技術的點點滴滴，看到的
臉孔和聽到的聲音，以及聞到的氣味只會逐
漸地拼湊在一起，成為一個被稱為母親的存
在。在對精神病人進行分析的移情情境下，
我們得到最清楚的證據，顯示未整合的精神
病狀態，在個人情感發展足夠原始的階段中
是自然就存在的。（陳瑞君 譯）

　　Winnicott的描述，不僅給我們一種治療師為個案建立
「設置」的靈感，治療師在這個過程要協助個案辨識與建
立可攀附的設置就顯得非常重要。在治療師透過語言的指
導下，逐一為個案架設一個治療師所建議的設置步驟；這
些具體的指引化為可攀附的事物，使得個案主觀上感覺，
彷彿是治療師為個案安排的設置。治療師透過具體的指
令[7]，協助個案把破碎的自我與身體重新整合起來。

　（四）**全能的身體**：網路除了虛擬性，還有即時性、可取
得性、以及超乎想像巨量、碎片化的資訊；這促成了一種

---

[7]譬如：治療師的指令如下，請先確保你身處空間的隱密性，找一個舒服的沙發躺下
來，調整靠枕的高度讓自己身體微微傾斜，將手機置放在身旁，音量調至適度，如果
可以儘量不要用耳機通話……。

沒有等待的滿足，讓全能幻想直接實現，令人憂心的是會
損毀象徵能力。

　　實體治療中，治療師不時會注意到不斷閃爍的簡訊光
線或聲音，在在告訴治療師這個空間不是兩個人，還有別
人或別的事情佔據著個案心思。無法專心與治療師互動，
感受當下，思考自己。個案彷彿正在隱微埋怨帶著禁慾色
彩的精神分析，攻擊治療過程中思考的價值。

　　線上治療只要按鍵即可輕易登入，少了某種過渡，像
是乘著時光機乍然降臨，讓個案感覺治療師忽然闖他的私
密空間，或者腦袋（通話治療）。

　　過於習慣網路便利的個案，對於返回實體治療有諸多
抗拒。他們可能會有許多理由，拒絕回到現場，譬如疫苗
還沒打齊，或者最近工作太過忙碌。當他們不情願地返回
實體治療，總會在治療中抱怨前來的通勤，對工作太過勞
累的自己是沉重負擔，然後一秒睡去，甚或開始打呼。網
路治療讓他經驗到回到家中治療的自在，在自己的堡壘
中，處處皆是得以掌握的東西，隨時隨地可以取得，被治
療師挫折的感受頓時消失，有一種難以言喻的勝利感。

　　視訊治療，個案可以把治療師的視框縮小或者放大，
也可以調整屏幕的亮度，一夕之間，我們擁有神奇的魔
法，可以隨心所欲地選擇我們想要看見的現實。更極端的
例子如：不同國家時區的個案，認為治療師肯配合自己一
大清早與其工作，擁有一種被揀選的黃金小孩般的榮寵，

可以全能地擁有治療師。某次治療個案對治療師說：我喜
歡網路治療，因為您忽然變得小小的可以摺疊起來，還能
放進我的包包裏[8]。在此，全能的身體就某種程度，實現
了伊底帕斯的幻想。

限制作為一種容器(container)

　　上述的臨床片段讓我想到設置——譬如固定時間、固
定地點、見面頻率、治療契約……等等所帶來的限制的重
要性。因為有限制，才可以形成邊界，這個邊界可以區分
治療師與個案，內在與外在現實，言說與行動。限制因此
也讓設置成為容器，使得它在個案-治療師的配對中，建
立了內在心理空間，讓個案與治療師有餘裕思考。

　　在網路治療中，實體空間的限制讓個案感受到威脅，
連帶的也影響到心理空間的容量。通常來說，網路治療中
全能的身體，需索無度地滿足慾望，導致心智負荷過重，
縮減了心理空間，癱瘓了心智運作。作為治療師，這個現
象必須被注意到，而且需要透過內在與外在設置的限制加
以處理。

　　限制，就像是藝術創作中剝除與簡約的形式；試想雕
刻家從一塊石頭去除多餘的雜質，才可讓心中的想法逐漸
顯現，雕塑出具有藝術價值的雕像。又譬如：需要留心用

---

[8]在《悄悄告訴她》裡，阿莫多瓦插入了一段根據默片《縮小的愛人》（Shrinking Lover）重拍的片段，全能的男性情人因為喝了女性科學家的藥水而縮小成脆弱、需要照顧的小人。http://mslibrary.nutc.edu.tw/public/Attachment/0101314423786.pdf

來作為遠距治療的App，選擇專門用於線上會議的軟體比較恰當，如果選用LINE或者Wechat之類的社群軟體，就要小心邊緣型個案會三不五時捎來訊息，模糊了治療與日常，干擾了治療師的生活。

　　基於治療師有責任為個案提供設置，因此最好以自己覺得信賴的軟體為主，當治療師使用自己熟悉自在的軟體，也可以促進內在設置，準備好去涵容個案的素材。以Zoom為例，治療師為每個個案準備一個專屬編號的虛擬房間登入，可以維持隱密性，這種悉心考量下的準備，也是設置虛擬治療空間的分析姿態。

　　有些治療師意識到眼睛一直盯著螢幕不是很自然，又或者螢幕也會帶來某種扭曲的效果，譬如虛擬背景、調整顏色光線、放大縮小……，因此有人建議網路諮商，採取傳統打電話的通話形式就好，這樣可以減少過多不必要的刺激，比較可以專心在分析的聆聽。或者說網路已在虛擬空間，就無需看到實體空間（特別是經過扭曲的實體空間）。透過聲音這種簡約的形式，顯示的設置反倒更能專心地讓個案與治療師同在。

（五）原初場景的身體：網路的身體是原初場景的身體；透過手機電腦的攝像頭，頗有偷窺的意味，更別說進行治療時，也有偷偷錄音、錄影的可能。由於專屬兩人的私密空間忽然暴露出來，讓治療師在進行網路治療時，有著來自

潛意識深處的壓迫感，使得網路治療在分析社群普及率甚低，如果不是疫情肆虐，恐怕還不會這麼快被考慮使用。

鏡頭所凝聚的視線焦點，在在讓我們想到原初場景，小孩對於父母的身體在房間做甚麼總是充滿好奇。那種被排除在房間之外的沮喪、無奈，甚或憤怒、攻擊，加上諸多幻想，爆長成巨獸。視訊的窺視便能成為侵入房間的行動，在嬰兒式的願望中擠入甚至破壞父母的性關係。另一方面，這種在私密房間暴露的感覺也會帶來興奮與刺激。

譬如個案在進行治療前總會把太太支開，好跟女性治療師進行治療，頗有前去幽會小三的曖昧，彷彿小男孩幻想自己才是母親的伴侶，現實中的夫妻關係是需要被否認的存在。或者個案的伴侶總是有意無意地飄過鏡頭，不斷以正宮的姿態闖入治療，宣示其主權。

除了伴侶的焦慮之外，另一方面也有可能是個案害怕與治療師太過親密的表現。因為鏡頭可以看見的範圍有限，因此在鏡頭無法觸及之處，總是會讓想像有著私密的事情偷偷進行。性倒錯的個案可以使用這種形式的幻想得到快感，譬如在鏡頭之下自慰，將那些犯罪且熱烈的幻想行動化，藉以報復原初場景中永恆結合的父母伴侶，以及在精神分析中可以與治療師互動與合作的思考伴侶。

另外，手機不斷傳來的推播，還有閱覽不盡的海量資訊，永無止盡地誘惑著使用者。不僅是科技巨頭公司扮演無良的誘惑者，大家在Ig、臉書忙著分享按讚，也加速了

這場永無止歇的party。

　　想像一位母親無心照顧小孩，總是把注意力飄向手機，唯一注意小孩的片刻就是用各種玩具逗弄小孩，不讓小孩休息，想把小孩的可愛樣子拍攝下來，好發文分享。此時，在母親的誘惑不斷衝擊下，小孩被迫成為社群媒體的表演者，而手機就像這位太過誘惑的母親，直接實現我們的伊底帕斯幻想，24小時無休地挑逗著我們的身體與感官，讓人變得太過興奮，無法停下來休息與思考。當真實的互動變得岌岌可危，可想而知，最後我們會變得淺薄與枯竭；當這種刺激無路可逃，我們會變得暴躁易怒，與幻想中的原始母親結合，就像奔赴一場死亡的狂歡。

　　因此，當個案的手機成為治療師與個案這對思考伴侶的闖入者，不斷打擾治療的進行，作為維護設置的治療師，是要視而不見，還是一昧容忍？有沒有可能帶領個案一起思考這樣的潛意識意涵？有沒有可能為原初場景的小孩劃分適當的界線，使得思想伴侶的交流（intercourse）可以進行？

之二、診療室之外

　　(一)數位強暴[9]：讓我們把視野拉到診療室之外。我們知道，每個人在網路上都會有一個帳號或暱稱，當我們創造他/她們時，我們就會成為網絡上的虛擬人物，虛擬人物

---

[9] Julian Dibbell「A Rape in Cyberspace」, available at http://www.juliandibbell.com/articles/a-rape-in-cyberspace/, last accessed on January 24, 2014.

在網路上的體驗，也會成為我們真實體驗的一部分。透過網路，過去我們在小說、電影所體驗的人生，與真實人生、或者我們自身的界線變得愈來愈模糊。

Julian Dibbell（2014）在其著名的〈網路空間強姦案〉中提到一個案例，故事發生在Xerox Research Corporations經營的網站LambdaMOO。讓我們透過這個案例，來思考虛擬人物在網路上的身體經驗。

當用戶登錄LambdaMOO時，可以設定自己的虛擬角色，每個角色有一個專屬的房間，也有自己的衣飾及相關用品。透過這些數位內容來營造一個專屬自己的空間，虛擬角色可以到其他房間與其他用戶社交。用戶在此展開線上人生，與真實人生不同的是，用戶通常會創造一個超乎自己性別或者性取向的角色，產生如夢似幻的效果。

犯罪行為發生在LambdaMOO的社交休息室，一位名為Dr.Bungle的虛擬角色，創造了巫毒娃娃的特殊程式，藉以控制其他用戶的虛擬角色。Dr.Bungle透過巫毒娃娃控制兩個角色——legba和Starsinger，強行讓他們進行辱罵、變態的性暴力。角色背後的用戶對此憤怒不已並發出求助，即使其他用戶看到也無能為力，只有當一名擁有更高技能的玩家把Dr.Bungle從房間趕走，事件才平息下來。許多用戶都證實了這起發生在虛擬世界的犯罪，虛擬強暴對兩名用戶造成創傷。

　　雖然網站最終將Dr.Bungle判處數位死刑，然而這種死亡僅是名義上的，此用戶後來申請另一個帳號，以另一位角色重新復出。某位受害者事後向Dibbell傾吐她的創傷，據作者回憶，此用戶挾帶著憤怒的眼淚如此真實，讓人印象深刻。藉此我們可以看到虛擬世界的體驗，並非僅是角色扮演或是幻想遊戲；線上與線下界線的模糊，比以往任何時候都更能證明數位世界的動作或言說，並非如我們想像地那般與現實脫離。

　　更重要的是，網站上對物理世界的虛擬不僅是象徵的，也具有實質的影響。想像以及象徵的身體，滲透進真實的身體，甚至侵犯了真實的身體。換言之，模糊的界線使得線上人生直接穿透線下的人生，產生無法抹滅的身體經驗。

　　(二)**虛擬角色的認同**：上述案件最引人注目的是，我們對於虛擬人物的認同如此之深，以至於當我們創造的數位人物被強暴時，就連我們自己也飽受創傷。

　　姑且不論如此極端的例子，就我們熟悉的社群媒體如臉書，幾乎人人有一個帳號，當我們發文分享，多多少少會在乎讚數多寡，或者關心有誰留言，內容又是甚麼。當我們分享照片時，還會透過修圖軟體，讓我們以美好的面目示人。這樣的現象某種程度也說明了臉書上的我（帳戶、數位身分），也被我們經營成某種「虛擬人物」。

　　上網的我們僅透過十指敲打鍵盤，操控滑鼠，輔以視聽刺激，如此有限的體感，何以能夠動員心智，讓我們全然地化為線上虛擬角色？當我們創造角色，以角色身分發言，與其他角色互動，花了大把時間在數位世界上活動，肯定投注了大量的力比多（libido）在角色上，透過這個角色，我們挖掘自己的其他面向，實現自己的幻想，也透過別人對於虛擬角色的回應，我們增強或修正角色的言行；我們與角色的互文，讓自我與角色都悄悄地發生質變。

　　這個歷程，也因為自身成為一個對角色的觀察者，我們一方面操控角色，另一方面也認同角色，角色就像是一部分的我（part of I），我們投射自己的內在幻想與願望到這個部分，透過線上活動再把它內射進來，透過這個反覆的過程，線上的幻想世界逐漸地滲入線下的真實世界，我們也逐漸認同角色，比較極端的情況甚至會把現實世界活成幻想世界。

　　因此被巫毒程式入侵的角色不由自主地做出強暴的行為，在電腦這端的我們肯定非常驚慌，操控鍵盤與滑鼠的指尖剎那間變得不聽使喚，線下的我們正在經歷某種身體的癱瘓，只能眼睜睜地目睹暴力發生，虛擬角色（部分自我）正在經歷一場浩劫，而我們變成因為無法承受過度暴力而解離出來的觀察自我。

　　這種以假亂真的情況也常常發生在電影所描述的未來世界中，當科技發展到介面可以延伸至五感，這種認

同會擴增到身體感官的各個部分，沉浸式的體驗勢必會讓這種模糊更形擴大，對於邊緣型以及精神病人格可能會造成更大的混亂。

(三)賽博格的身體/一個科幻情節：網路科技日新月異，人類對於全能的渴望超乎我們的想像，就精神分析而言，失落與全能的挫折所引入的內外現實，一直是心智成長的引擎。如果科技的發展一昧地滿足全能感，卻忽略了缺乏挫折對心智發展的影響，科技會豢養出怎樣的科學巨嬰？

　　面對網路科技的巨大改變，有人期待，有人擔憂，有人認為人類文化因此要大躍進到另一個層次，彷彿人類就要進化成全新物種。也有人認為科技背後的辛勤努力被普羅大眾所忽視，轉向牽動人性中的全能，成為我們幻想世界的劇情推手。因此，相關的文化社會學論述不免帶有科幻的影子。

　　Nishant Shah形容網路變得像我們的第三層皮膚[10]，與實際的身體相連（無論經過甚麼介面），我們透過網路的行動與作為，雖被數位化，但也在網路佔有空間，且被記錄下來，透過應用程式傳播與交流。

　　我們的身體因此掙脫了肉身的容器，超越了行動當時的時空限制，成為數位世界永恆地存在。另一方面，

---

[10] 參考The Body in Cyberspace, by Nishant Shah — published May 13, 2014

我們的身體與網路科技也有著微妙的互動，手機與電腦一方面像是我們使用的器具，不只是我們的代理，也透過更好的功能與更好的演算法與人工智慧，成為我們理想的夥伴。

透過全能幻想，網路科技也像是我們的延伸，讓我們突破身體與心智的侷限，感覺就像是自己完成這些事情。這樣的延伸隨著網路科技的進步，逐漸變得具體。常用的Apple Watch就可以記錄我們的血壓與心跳，再上傳到雲端成為大數據的一部分，為我們的健康提供預測與建議[11]。

最新的物聯網，便可以將相關偵測器連結到我們使用的物品，記錄我們的使用情況，再上傳到雲端，經過大數據演算後，成為日後購物消費的指南，甚至可以帶動人機一體的自動化，滿足我們神奇魔法的渴望。有些偵測器甚至可以連接到身體，甚至植入到皮膚之下，就像被整合到我們的身體自我之中，此時，這些器具，還有它所代表的網路，已經悄悄地化為我們的一部分。人與機器，或者人與網路的分野就變得愈來愈模糊。

在賽博格（cyborg）[12]的想像中，甚至可以植入義體（電子身體），甚或電子腦，更改我們的記憶。如果人工

---

[11]也有睡眠專家說Apple Watch所提供的偵測技術非常陽春且不準確，為了取得睡眠數據改善睡眠，是需要動員更精密的儀器與專業。

[12]關於賽博格可以參考以下影片：
https://www.youtube.com/watch?v=ntqytqWExtY&t=327s

智慧發展到極致，機器人將與真人無異，人與機器的分野也因此被打破。

　　賽博格（cyborg）像是一種全新的人種，它跨越了人對自己的認識，打破了性別、生殖、代間差異、甚至是人與機器，人與動物的疆界。賽博格還可以自我複製，不需要他人的存在。沒有出生，因此也不會死亡。可怖的是，賽博格因此不需要做夢，因為做夢（即建構夢空間）需要從生命的不完美與缺憾出發，再加上面對這種不完美的奮鬥與思考歷程。而半人半神的賽博格，不知道哪裡不對勁地成為某種人性的空缺，宛如虛假的現代象徵。再更極端的幻想中，人類回到最原始的精神病世界。

　　不斷超越的科技成為我們的身體，源源不絕的雲端運算能力成為我們的大腦寶庫，甚至此大腦與一個更大的系統（機構）相連結；這樣的科幻情節不禁讓人聯想到，許多精神病人宣稱自己是神，或者他們的大腦被外星人控制。今天這樣的情節幾乎已經不是神話，科技公司運用社群媒體製造假新聞，影響大選的消息頻頻傳出，科技巨頭正透過物聯網以及大數據，在後台靜悄悄地控制著我們的大腦。

　　超我以及大寫的父親已經不是內在的表徵，而是化為具體可觸的每日現實。精神分析如何思考這個可怖的集體共業，也將成為未來重要的課題。

用餘溫創造溫度

網路之中，我們更近了，還是更遠了？

王盈彬

英國倫敦大學學院理論精神分析碩士

王盈彬精神科診所院長

臺灣精神分析學會會員

道路，透過各種交通工具，把「人」帶進了實體診療室；網路，透過各種感官接收裝置，把「人」帶進了虛擬會議室。網路之於道路，解離之於整合，網絡之於邊界——精神分析遊走其中，重新領略這相識之路。

一、前言

COVID-19疫情急速升溫之後，原本大家熟悉的世界運作規則，不得不面臨許多挑戰：學生不能在學校上學、假日不能群聚聊天、人與人之間必須保持距離、口罩片刻不能離身。所有實體互動的接觸，因為病毒傳播的屬性，都必須被「距離化」了。這距離化的出現，並不是人類沒有過的經驗，有一種狀況是因為雙方衝突了，或是了解了彼此無法相容，而必須進行的暫時步驟。現在是一種外力的侵入，為了保全個人生命和群體存滅的不得不；其中都是因為偵測感受到危險的訊號，為了一種安全，執行了一個指令，「保持距離、以策安全」。當「距離」成為一種主體，其衍生的象徵與內涵的情感質地，也將開始展現其潛在具備的多重面向——不僅是外在面向，也包括每個人的精神內在。

實體距離必須出現，但是，這是一種失落，因此象徵失落距離的具體元素應運而生。

鐵路道路、交通工具、電報電話、乃至於網路視訊的存在，都具備一樣相同的功能，這些工具讓原本存在人與人之間的距離，可以藉此縮短而進行連繫，某種程度是順應了人與人之間的本能：想要團聚、想要互動、想要見見面、說說話。化約到一個人的身體感官，眼耳鼻舌身意，

也是人與外在世界聯繫交通的位置。嬰孩剛出生時，這些感官的功能之一，也正是不斷在搜尋著母親的聲音、味道、形象、姿勢，來連結得到一種自體組合協調並安全的感覺。當心智能力足以整合所有感官的訊息之後，媽媽客體成形了，嬰孩主體成形了，於是開始了母嬰關係和兩者之間情感思維的創造。當然也可以反過來，兩個人因為內心衝突，無法直接對話，只能藉由其他間接有距離的方式來避免更大的衝突，進而避免導致永久的分離。而各種感官之間的距離，也將其彼此的競爭性和整合性，運用到對內與對外的刺激的接收。

這個距離的內涵，充滿了愛恨的拉扯，也充滿了生死的掙扎。

在生存和愛的需求下，多數的雙方是想要拉近距離的，這是一種人類物種自然的趨勢，但是可能因為一些安全的因素，不得不必須拉開距離，或者因為能力不足，還在等待中。為了死亡和恨的需求，人與人之間，也有一種相反的狀態，必須要拉開距離，但是可能因為一些安全的因素，或者因為能力不足，不得不要拉近距離。這裡所講的安全和能力，是有很多面向的，可以是單方的，也可以是雙方的；可以是解離的，分裂的，也可以是整合的。這個雙方可以大到像是國與國、物種與物種、團體與團體，個人與個人，也可以再細分到，眼睛與耳朵、手與腳、不

同器官間、不同細胞間，到完整客體對主體，部分客體對部分主體，主體的各部位間。各位觀眾看到這裡，表示大家是活了下來的，所以我們就先合理的假設，在各位內在的運作中：生存和愛的能量，是大於，死亡和恨的能量。至於表徵或象徵型式就必定是更多樣化了。

當各種線上的聚會應運而生，通訊診療和線上心理治療或諮商，變成了不得不的變化與常態時，原本歷經數十年在診療室中執行的軟硬體經驗，也在這樣的一個時刻，面臨了被迫要在短時間內進行轉換的壓力，即使有一年多的預備和其他國家的通訊經驗累積，但是發生的那一刻，總是不免又引起一陣子的忙亂，從空間設置的硬體到思維情緒的軟體，都要經歷一段時間，才能就緒安頓。這是在心理診療室內，兩人心中引領的信念，病毒來了，為了安全和能力，先求生存防疫，再思考如何在原有的慣常設置中尋求部分的調整，大致上都不想偏移原本的設置太多，即使兩人的步調細節不盡然一致，但這幾乎是一種面對變動常態的反應，否則一下子太多的變數，會亂了方寸。

在那一個變動的片刻中，當我們回過頭靜下心來端視，放大定格這一個片刻，也就有些脈絡可以呈現，那個原本存在看似完善完整的兩個個體，在網路空間的無限和有限中，開始不自覺的變形，情感的面向也呈現出可能對立的樣貌，或是顯露出原本不容易看到的碎片或縫補過的

傷痕，並繼續在這兩個空間中逕行的轉換。像是一種主客
場的暫時轉移，但是也在轉移中，孕育出新的主體性。

二、三個層次

我將以「變形」、「分裂」、「解離」三個層次的概
念來進行這樣的思考。雖然這樣的層次，不盡然是在網路
空間出現後，才出現的變化，但是網路空間有一定的引
力，並且配合具體的空間切換，彷彿一個虛擬的夢境世
界，有了現實觀察的切點，也讓原本不容易在分析現場呈
現的面向，有了一個虛擬的具體舞台可以盡情展演。

曾進行網路治療或諮商的臨床人員，或許多人都有這
樣的經驗，當實體的兩人對話，進入了網路空間，總會引
發一些變化，當我們假設這具體空間原本是空無一物，等
著一個物件進入，這一個物件代表的會是兩個人的甚麼部
位？與主體的距離又是如何？甚麼樣的質地在過程中變化
了？因為是一個清楚的空間與時間的切分點，於是讓這樣
的歷程更清楚的呈現。率先抵達的部位，可以運用網路所
連結的各種資源，就等待一個指尖，開始滑動世界，讓新
的空間啟動。這是很人工化的分法，現實與想像的運作當
然是交錯不斷。想像著人類身上的幾兆細胞，好像一個細
胞進入網路空間，它會如何的運作呈現，再加上如果每個
細胞都有其獨立性，那就是無限的組合班底了，這也是生
物細胞學中，目前已經進行研究的課題。

一開始一個人的一部分進入網路世界，可能開始觀察到變形，語言質地和情感質地的比重重新分配是最常見到的變化。一旦分配超越了邊界，情感和語言產生了分裂，然後甚至解離，情感不再只是情感，語言不再只是語言，而是更原始的存在，這是很邏輯的意識層次的理解與推論。然後，可以再多一個潛意識的元素，如幻覺的形成的某種可能，

> 「幻覺中的變形是指一種心智過程，其中已經開始變形為alpha元素的情緒體驗，經歷該過程的逆轉，然後alpha元素被降解並被吞食回原始狀態，類似於beta元素，之後通過感覺器官功能的逆轉而被撤離，並作為新的感知再次被收回。這個過程的最終產物可能是幻覺。」[1]（王盈彬 譯）

或者相反，一開始是解離的，等待著形成分裂衝突，然後趨近整合，又或者三個層次同時在微進行，都是可以想像的。貫穿在這裏面的是理性的思維，情感的張力，和生存的威脅。當然如果是已經幾乎整合好的部分，可以來去自如，只是需要中間耗用一些時間來調整，不會卡住，那應該就算是疏通了一些（working through）。由此反

---

[1]Skelton, R. (Ed.). (2006). The Edinburgh International Encyclopaedia of Psychoanalysis.

思，此時，原本已經是以解離或分裂或變形存在的元素，卻反而受到新的空間的挑戰，是如魚得水，還是難分難捨，還是恐懼失措，還是？

在臨床上，這些呈現的樣貌，可能會有以下的實況，這也是在網路視訊工具開始試用中，新的經驗累積、觀察與思考。想像和實際總是有些不同，一些轉換成視訊治療的個案，原本想像的新空間會是一種奇怪的、也比較偏負向的經驗；有一些個案則是相反的，呈現的是好奇與興奮；也有一些個案，一如在治療室的現場，不在意是否是網路空間，只是逕自的繼續延續著現場的運作模式。這其中可能混雜了許多的訊息，在這一個變動中，具體的呈現出來。有些個案正是開始進行一個分離的過程，產生一種分離焦慮，伴隨著緊張、焦慮、恐懼、混亂，總是想像只是暫時的，進入視訊互動後，新的經驗會自然產生；有些時候，可能原本個案內在就已經有分裂解離的不同的區塊被壓抑，因而可以更自在的把自己那一個部分的情感能量，存放在新的這一個無限空間中，凸顯出一種終於解放的偏向主觀正向的經驗，產生更多的自主性和創造性，因而流連忘返於視訊的另一端；有些個案或有些時候，距離並不是問題，或者距離尚未形成議題；當然，多數時候，是轉換過程的經驗中才冒出來的感受，而非事先可以預期的。這些舉例，並非全貌，只是提供出來的一部分經驗。

〈層次一〉 變形：情變了

有一種愛情之歌，可以改版變調，呈現出不同的風格，為的是使用象徵來減輕或加重某些情感矛盾部位，讓過去、現在、未來的對話與昇華可以進行。

疫情剛開始，當心理治療或諮商被迫與準備進入網路視訊模式，一瞬間，一些事情被挑戰而必須面對了。要在哪裡安排視訊的地方呢？當然有些人理所當然地選擇了家中的房間，但是，對有些人而言，家並不一定是首選；又或者有些選擇了家，但是做些變形改裝會覺得比較合適。這意味著，當初在治療室的現場組合，病患要把家的空間放進來時，有了一些考量，於是，有個變形在現場已經呈現了，回推個案是如何看待診療空間的？這又會是如何的移情？

一個很清楚的思維反應有可能會出現，要讓鏡頭照向何處，還是使用虛擬背景？因為鏡頭深入了治療室兩人的生活起居空間，和實體治療室的空間意義明顯不同，我們也發現視訊軟體人性化的添加了虛擬背景功能，甚至還可以變裝，變形到成為一種可以維持安全感受的存在與連結，或是美化到另一種境界，彼此也具體知道要變動些甚麼。這種可以深入個案的生活起居空間的機會，有些個案和治療師是歡迎的，也讓原本在診療室不得不變形的呈現，還原到可以看到完整原始的生活

現場。但是有些個案或治療師是無法完全接受的，就如同，當我們聽到一段文字，只想被看到文字本身，還是文字本身所代表隱藏的世界。還好，這些都只要意會一下，都可以簡單的被理解，甚至可以因此而更豐富了兩人對話之間的元素或深度。

　　乍看之下的網路連結，把人的距離拉近了，看似在這靠近的階段，有些事情的發生，讓我們某些部位變得更遠了，因為個案不見得希望治療師的視野進入家中，或者不希望自己的大頭近照太難看，或是這侵入式的想像距離讓個案感受到一種必須要有的調整，這樣的距離調整，讓受刺激的想像可以繼續發展，同時間也要保護心思的空間，這和Winnicott所說的過渡空間像嗎？

　　　　「例如，Silverman關注於平時控制情感反饋
　　　　和傳統對話的聲音和身體行為的缺席：『網
　　　　路空間的會議和交往，會有詭異的沒有卻有
　　　　的質地，如此強化了關聯度，同時又增加了
　　　　孤立感……，在那裡，沒有具有真實生活意
　　　　義的有形的身體或觸覺或感官印象，在真實
　　　　生活中，人們可以聞到魚腥味，聽到假音，
　　　　對肢體語言做出反應。』（引自Hanlon，
　　　　2001年，第567頁）」[2]（王盈彬 譯）

---

[2] Steinberger, C.B. (2009). Cyberspace. Psychoanal. Rev., 96(1):129-144)

　　網路鏡頭深入了原本在現場深入不到的部分，於是關係更近了，但是也提醒原來的診療室的某部分關係是遠的，這是對照出來的結果，單一個場地進行，可能無法清楚地呈現出如此的對比。當然治療關係為何要近，可以是另一個命題，近一點或多了解一點，是治療師的需要，用來分析處理個案的素材。然而個案想要運用治療師的功能，未必一定需要被靠近，因為學到了某種分析自己的經驗技術，就比較可以自我覺察，甚至覺得比較安全。

　　本來以為治療室應該會填進了個案的所有，包括想法和情感，但是發現其實並沒有，因為有些內容物，不知不覺或刻意的被放在診療室外，於是個案只帶了一部分進來，像是變形蟲的一種變形，特別是情感經驗的部分，這也許是自由聯想中的篩選或是阻抗。這時可以發現，情感是有距離了，但是想法卻能更近而可以溝通了，但是如果個案是用想法來表徵情感，那確實會讓人會錯意。個案圍繞著一個隱而未宣的主題，嘗試在治療的空間中表達，然而，在這之前，個案會不斷地來回測試治療空間可以使用的文字、態度和情感，慢慢琢磨出可以言說的方式，然後才開始可以看到或聽到埋藏在心裡底層情感的故事。個案在理性的呈現，融入了的情緒感覺，加入了視訊的空間帶領，看到了全貌，此時更清楚，個案不自覺的思想、情緒的元素是如何排序和運作，但是礙於時空的限制，診療室的彼此，只能看到或感受到變形後的呈現。稍加詮釋和整

理一下過程，多數是可以被理解的變化，這比較會是屬於
像是Bion所談的「剛性變形」。

> 「變形（transformations）是形式上的一種改
> 變。作為一名精神分析師，Bion，對心思中各
> 種形式的變化很感興趣。Bion將精神分析各種
> 理論，視為各種變形的族群。他以畫家將風
> 景（體認）變形為繪畫（表徵）為例，類比
> 為精神分析師將一種分析經驗（體認）的事
> 實轉化為詮釋（表徵）的工作。Bion從幾何學
> 中藉用了這些術語，剛性運動變形（rigid motion
> transformation）和投射性變形（projective
> transformation）。心思中的剛性運動變形意
> 味著變形很小。不變量很容易觀察到（例如，
> 將思想或情緒轉化為文字）。在剛性運動變
> 形中，變形的目的是要揭示情感經驗的更進一
> 步的各種維度。投射性變形意味著一種大小或
> 位置的變化（例如地圖）。Bion用這個詞來描
> 述一種心智變形，其中一個重要特徵是大規模
> 的投射性認同。個案和分析師之間存在一種混
> 淆。投射性變形是患者試圖避免一種情緒經驗
> 深化的結果。」[3]（王盈彬 譯）

---

[3] Skelton, R. (Ed.). (2006). The Edinburgh International Encyclopaedia of Psychoanalysis.

　　在治療開始準備轉成視訊的時候，有些個案從指令一開始就知道，有些事情如果是轉成視訊，是讓他原本無法表達或想要先隱藏的部分曝光，那會引發比較強烈的情緒，多數是尚未準備好的元素，因此這是一個考驗，潛抑的內容會面臨需要浮現的阻抗與挑戰。這些個案確實在轉成視訊時，雖然會因此引發一些尚未有經驗處理的情緒與呈現，而必須先討論整理或因此再重新放置這些處理中的材料，在轉成網路或視訊之後，慢慢發現有一些感覺似乎還是可以試試看，透過新的方式來連結，甚至是更樂於這樣的多元呈現。這牽涉到一種如以下的文章內容所提到的人的本質，一種兼顧連續性和變化性的共存，這也是精神分析或任何形式的心理動力治療成為可能依賴的本質。

　　「如果，確實，『每個人都知道每一天都沒有未來可以到達』（Stein，1937，p.271），那麼是什麼支撐了一個人進行分析治療的動機？我們如何解釋這樣一個事實，即患者與另一個人保持關係，其表達出的目的是拆除自己的自我形象，以獲得一個甚至在它到來之前仍無法想像的『更好』版本？在我看來，答案觸及了人性的本質──人的個性具有非凡的能力來同時協商連續性和變化性，並且會在正確的關係

條件下這樣進行（Bromberg，1993，1994）。我
相信這個屬性是我們使臨床精神分析或任何
形式的心理動力的心理治療成為可能所依賴
的。我認為，我們如何理解這種非凡的心靈
能力，以及我們所看到的使其蓬勃發展的最
佳治療環境，是塑造精神分析理論和實踐的
基本課題。我在這裡談論的是這種體驗和思
考，我們稱之為『精神分析』的人際關係的
方式的結果。」[4]（王盈彬 譯）

　　當為了躲避實體病毒的侵略時，我們進入了網路世
界，網路世界成為了避風港。還記得小時候，因為颱風來
襲而躲進了家中，然後停電了，小孩子一開始也許是怕黑
吧，於是點起了蠟燭，看著看著，玩起了影子的遊戲，外
頭風雨交加，裏頭也熱鬧滾滾，就像要和風雨拚個主場優
勢，因為屋子，把我們的膽量給變大了，當然現在當了大
人了，多了一些責任，因為房子是我要負責的，所以要看
看風勢雨勢，來決定接下來的處置，而不會只有像小孩子
般的興奮，得到這難得的經歷。不過，這樣的暗示當然意
味著我的老家還算是堅固，如果是另外一些無法堅固的房
子，又該如何呢？小孩子也許拿著臉盆接著漏水，拿著椅
子擋住門窗不要被吹破，當然應該還有更糟的。

[4]Bromberg, P.M. (1996). Standing in the Spaces: The Multiplicity Of Self And The Psychoanalytic Relationship. Contemp. Psychoanal., 32:509-535

　　擋不住了，也許就開始要「風雨生信心」的精神喊話，換言之，在實務和精神層次上開始了一種轉換，調動了所有以前學過的名言佳句，就為了安撫這一顆無法停止緊繃的心臟。就如同Winnicott所描述的「mind的能力」。

　　有些個案在網路視訊中，原本醞釀著想哭，卻因此而哭不出來，感覺和現場不同。如果移情的情太強烈，距離剛好讓「情」稀釋到「理」可以運作；但是如果移情的情太弱，距離剛好讓這個情斷裂，也就可能成為有些個案不想成為視訊主角的原因了。這樣的情感變化，可以經過一些理性的討論與詮釋，解答出這樣的底層運作，自然也就可以讓視訊的功能，凸顯出來。很清楚的是，視訊和網路，讓情感的量產生了變形，而這是可以用語言討論的。

　　　「在線表達對於成熟中個體而言至關重要，
　　　這些將他們的需求和感受變成書面形式的個
　　　體，通常會感到更加安全，而不是直接的聲
　　　音形式。寫作也可以用來建立有效的防禦功
　　　能，介導情緒、舒緩和克服痛苦的狀態，並
　　　支持昇華（Litowiz & Gundlach，1987）。」[5]
　　　（王盈彬 譯）

---

[5] Steinberger, C.B. (2009). Cyberspace. Psychoanal. Rev., 96(1):129-144)

　　以文字語言為主體的網路空間，暫存著無法現場訴說的語言，因為底層的情感強烈，需要距離，但是治療雙方彼此都知道，一種變形勢必先行存在，慢慢地安全鋪陳，才有機會讓潛抑或壓抑的情緒可以出場。

> 「最近的論述擴展了關係研究的重點，因為
> 它研究了電腦科學的明顯作用和潛在影響。
> 沿著這條思路，它研究了在線交流具有其私
> 人的、一維的、和非實體化的品質的多層次
> 含義。」[6]（王盈彬 譯）

〈層次二〉 分裂：情裂了

有一種愛恨之歌，不能改版變調，要用情感用力地傳遞。
疫情期間，為了隔離而進行的短暫網路諮商，為了避免病毒實體的侵略「分裂」，破壞層次到了ego，情感仍然可以運作成為好與壞，客體和本體是分裂但是仍有方向感。

　　一位中年女性，因為長期的容易暴怒而求診，她不斷的忍耐和壓抑這些痛苦的感覺，來到診療室，因為與父親相關的一個關鍵字的連結，潘朵拉的盒子被打開了，抱著強烈的感受與矛盾的情感而進入治療。治療中，強烈的情感困在語言的軀殼中，被允許的線上空間，成為一個分裂

---

6 Steinberger, C.B. (2009). Cyberspace. Psychoanal. Rev., 96(1):129-144)

出來的空間，置放著另一個世界的所有，治療師成了旁觀的參與者，讓這兩個分開的世界，有了看得到，但是卻不能連接起來的困境。這兩個世界暫時無法混合交流，否則會亂了套，因為想像放到意識後，又會是當年的一陣鞭打。這是一種情感可以被分裂而避免了衝突的方式；一旦要整合，強大的情感衝突，會如城牆般的令人不得其門而入。

如果兩個人的愛，需要跨越距離，那麼線上空間算是彌補了一些缺憾，就像來自老家母親手製的點心，一份點心象徵著一份完整的愛的變形延伸，但是距離也讓存在的恨可以放置；如果兩個人的恨，尚在如火如荼的狀態，那麼線上空間算是凸顯了這些缺憾，就像兩國戰爭時的非戰區，雖然戰區充滿了的火焰和傷害，但是距離也讓戰火暫止，讓愛還有機會等待。距離與象徵物，讓愛與恨可以分裂的並存，就像網路和實體一般的並存矛盾。

那是一位個案的夢，夢中的各個角色很清楚的運作，但是要一如往常地把夢用文字記錄下來就是沒有辦法，然而真的可以有答案嗎？不能連結的夢，一個個分裂在各自的生命中，不能連起來，因為很確定連起來後，又會徒勞無功，甚至是被嚴厲的處罰，就像一位青少年在整理混亂的房間時，大人的一巴掌，把混亂打成了恨。於是愛恨之間，必須先要有距離和空間，等待有一天的重新認識。

　　一位個案把書寫變成一種避風港，那是想法寄託的載體，他的每一筆的情感都很用力，像是一種抵抗，把抵抗刻進了紙中，也刻進了心裡，但是當畫畫成為新的寄託後，多產取代了用力，多樣化附加上了深刻性，也許因此又把聚集的能量給分散了，平均分擔著當年的重。這些都無法在治療室中呈現，必須以另一種頻道存放著。

　　　「精神分析師也在探索治療關係的挑戰，『額外的』電子郵件揭示了傳統『真實的人』的環境可能審查的需求和幻想。沿著這條思路，Gabbard（2001）對一位女性患者的情慾電子郵件通信進行了深入的討論，凸顯出了被傳達出的『秘密』願望如何引發臨床工作中必須修通的反移情和移情的經驗。」[7]（王盈彬 譯）

　　要連結與並存，很矛盾，因為新的規則和新的情緒是未知的，而且未知是可怕的，如同過往歷史的投射，只能透過不斷的書寫和閱讀，來整理看起來很清楚，但是無法善了的重複，更嚴格，或更分裂，這是一種無法選擇的選擇。雖然不確定是因為什麼，但是隱藏的強大情緒，讓人知所進退。

---

[7] Steinberger, C.B. (2009). Cyberspace. Psychoanal. Rev., 96(1):129-144)

如果一開始是一種完整，因為失落和創傷，分裂為二或三，無法或失去了原本的美好連結，但是每一個裂片又想要回到原本的連結，只是需要築上防火牆，即使只是部分的，也撐起了想要擁有的安全感。治療師可以很容易地看到裂片的生命，也很容易地分辨出中間其實是愛恨的衝突，而當治療師的詮釋企圖連結指出這些衝突，卻引發了個案的排斥、或身體的不適，也就是碰觸了痛點，當年分裂的部位正是愛的部位。

「分裂是將經驗心智的一部分分成兩個或更多部分的程序。分裂一詞在當代最常見的用法是在 Kernberg (1966，1975) 的著作中，他將分裂描述為在邊緣性和其他嚴重精神病理學中的一種防衛。Kernberg將分裂定義為『相互分離的自我（ego）狀態』，其中矛盾的、有意識的經驗（通常是自體和/或客體）並存，並排共存，互不影響。他的分裂觀點是基於Klein在生命早期將自我（自體）和客體，防衛性地分裂成全好和全壞表徵的概念，目的是保護良好的經驗免受攻擊。Kernberg將分裂與潛抑進行了對比，這是一種更健康的防衛，立基於更好地自我和客體表徵的整合，其中不可接受的感覺和/或想法

被排除在覺察之外。」[8]（王盈彬 譯）

　　取代現場的網路空間，把愛恨分裂的部位可以具體的放入，相對立的彼此可以在各自的空間具體的運作，理想化的機制很明顯地呈現。個案可能會因此流連在網路的空間，並且理想化網路空間的優點，當然也有可能相反地強化實體空間的優點，而拒絕在網路世界的連結。對治療師而言，這樣的分裂模式，也是可能會出現的。其中隱藏的運作，也有一種安全感的質地，也就是如何的分裂，才能讓心裡底層的完整性繼續維持。

〈層次三〉 解離：情亂了

有一種生命之歌，還在編曲填詞中，只有一種具體，不能連起來。

破壞層次到了id，情感是混亂的，尚無法成為分裂的樣貌。

道路：人出現或不出現。

網路：各部位如何出現成為一個人。

　　「解離，是為了防衛而破壞心智經驗的連續性。解離包括意識、注意力、記憶、知覺和認同感的中斷。它的嚴重程度從輕微的注意力或記憶喪失，到身份感的嚴重和長期中斷，如解離性身份障礙（美國精神醫學會，

[8] Auchincloss, E. L. and Samberg, E. (2012). Psychoanalytic Terms and Concepts.

1994)。」[9]（王盈彬 譯）

　　在視訊的空間中，有時會看到一個與現實空間截然不同的個案樣貌，彷彿是從未被發現過的維度，那是一個全新的面向，治療師和個案都可能會驚訝於這一個面向的出現，也因為有這樣的與原本想像中的不同，創造了一個嶄新的經驗，不盡然一定是好或壞，但是會如同Bion所談論的「O」，我們會不斷地發現，但是也永無止境。

　　於是我們就可以聚焦在這一個「解離」的碎片上，開始思考，網路空間恰好是提供了解離的碎片一個剛好可以進入，而避免了被情感淹沒的地方，避開了情緒張力；也提供這個解離的碎片一個準備形成新意義的空間，休養生息之後，準備接合回母體的養育空間，又甚至是準備徹底分離的前哨站。當然也可以很數學的來說，這一個解離的碎片，到底佔有原本本體多少的比例和重量，就也可能會影響這一個碎片的命運。於是，我們開始把這一個解離的碎片變成一個主體來思考一番。

　　回到佛洛伊德有關多元決定（multidetermination）的概念，所有的性源帶都可以激發性的興奮，最終朝向一個整合的目標，然而如果停留在其中任何一個階段，而可以有其適合的環境搭配，會是如何的光景？如果視訊的最終目的，是要將人帶回現場，那麼中間所經歷過的各種感受

---

[9] Auchincloss, E. L. and Samberg, E. (2012). Psychoanalytic Terms and Concepts.

的刺激和發展，彷彿享樂原則的運作，終將最後因為現實原則而必須回歸。只是人工智慧不斷的發展，是否要回到現實來，已經是另外一個截然不同，但是卻已然存在的議題了。我先不走到那樣的路程上。

> 「自我缺陷和錯覺，以一種無法預測的方
> 式，在一種笨重、『超現實的』線上世界
> 中，結婚了。這是一種穿越時空的神奇轉
> 變。」[10]（王盈彬 譯）

　　傳統的診療室，人總是完整的進來，換句話說，進來就是一個人。在治療室的現場，個案和治療師設法把自己一個人帶過來，呈現在兩人面前的是一個整合好外在的個體，即使內在充滿了衝突（conflicts）和缺損（deficit），但是就是一個完整的人來了，然後開始來讀心了。直覺，帶入了非語言的情感互動與溫度。

　　網路空間的現場，當然還是一個人，只是這個人是用各種科技把影像、聲音、表情、空間，集合在電腦或手機的螢幕畫面上，呈現在彼此面前的就是一種解離的合成，不同的感官組合，是由耳機、麥克風、照相機、網路傳送，現在的視訊系統，甚至還可以變裝，凸顯出各部位出場的方式。對於完整性和解離性，出現了思考

---

[10] Steinberger, C.B. (2009). Cyberspace. Psychoanal. Rev., 96(1):129-144)

的空間。順利的話，也是一個人，但是頻寬不夠，只剩
下聽了，再不行，就只能寫了，可以各自單獨存在。在
網路上，雙方都須投注更多的情感或移情，才能讓兩邊
接軌，意味著透過視訊的方式，情感的連結和強度是明
顯減弱的。因為有其他的感受是缺乏的，如氣味、氣勢、
溫度……，於是可以傳遞的部位，就必須加強表現，來
彌補其他感受的缺乏。就如同我們遇到不會說中文的人，
為了傳達，就必須加強手勢和肢體動作，甚至是聲音……
等等。

　　「Ferenczi（1933）在他的〈母語混亂〉中強
　　調了『在沒有人格分裂痕跡的情況下，既不
　　會感到震驚也不會感到恐懼』。他繼續說，
　　隨著孩子成長過程中，震驚的增加，分裂也
　　隨之加劇，然後很快，『保持聯結而不會混
　　淆所有碎片變得非常困難，每個碎片都表現
　　為一個獨立的性格，甚至不知道其他碎片的
　　存在』。」[11]（王盈彬 譯）

　　解離的部位，如果能力足夠，把自己描述的夠清楚，
治療師常常很容易就可以看到解離的各個角色所扮演組成

[11]Howell, E.F. (2014). Ferenczi's Concept of Identification with the Aggressor: Understanding Dissociative Structure with Interacting Victim and Abuser Self States. Am. J. Psychoanal., 74(1):48-59

的劇本，但是解離症狀在臨床上卻又是一種很難解的存在。很容易被理解，但是卻很難被治療，這樣的矛盾到底是怎麼回事？回到Ferenczi的概念，解離的存在其實是一種嚴重創傷的痕跡，因為無法整合而須繼續解離，而且各自的碎片形成了自己的國家，很清楚但是各個碎片之間卻彼此不相識。詮釋如果是為了連結，一旦成立，就是相識的開始，那卻是極端的痛苦，所以很容易詮釋，但是也很容易詮釋失敗。

「沒有人比Ferenczi更熱情地描述了創傷性誘導的解離狀態，及其導致的人格分裂。Ferenczi在他的〈母語混亂（Confusion of Tongues）〉論文中，介紹了認同攻擊者的概念和術語。其中，他描述了受虐待的孩子是如何變得固執和失去理智的。在遭受壓倒性的創傷後，孩子被攻擊者的願望和行為如催眠般的震攝，自動地通過模仿來認同，而不是通過有目的地識別出攻擊者的角色。為了擴展Ferenczi的觀察，認同攻擊者可以被理解為有兩個階段過程。第一階段是自動的，是由創傷引起的，而第二階段是防禦性的和有目的的。當認同攻擊者是從自動的有機過程開始，經過反覆活化和使用，逐漸成為防禦過程。廣義上講，當它

成為是解離的防衛機轉時，具有兩個共演的
關係部分，即受害者的部分和攻擊者的部
分。」 12（王盈彬 譯）

　　一個意想不到的空間出現了，一位具有強迫特質的患
者，多年來接觸過幾位心理諮商師，反覆地訴說著從小到
大的創傷經驗，父母親的態度如何影響自己的情緒。在這
樣疫情的期間，網路視訊開啟了另一扇窗，有一些元素被
發現了，每次來到治療室，雖然訴說著自己自由聯想，卻
不知不覺都在防衛著外在現實所引發的焦慮；在自己的房
子的視訊，自己待在一個屬於自己的安全空間，反而意外
地放心許多，而可以想到也說出另外一些從未被搬上檯面
的內心戲。有一種感受上的恐懼，被網路的空間隔開了一
處可以放置行動與思考的空間之後，成為一種可以保持距
離來觀看及思考的恐懼，誠如symbolic equation成為
symbolic proper，因此可以訴說的內容也在好奇心的驅使
下變多了，原來在盔甲底下，還有這樣的一個由脆弱和恐
懼所運作的世界真實地存在著，無法只是用診療式的語言
來訴說，於是到底要看著外面逞強防衛還是要看著裡面的
細細縫補，也許像在強迫的症狀中，不得不存在的合理中
的不合理。

―――――――――――――

12Howell, E.F. (2014). Ferenczi's Concept of Identification with the Aggressor: Understanding Dissociative Structure with Interacting Victim and Abuser Self States. Am. J. Psychoanal., 74(1):48-59

「在一段關係中出現問題，與無法在一開始
就進入關係，是完全不同的事情，所以也許
將鬥爭的串接和避免都放在同一個標題下是
錯誤的。並非所有維持性感覺的困難都是一
樣的。串接的來回往往比迴避更具存在性和
情境性，而習慣性迴避往往比串接更加的神
經質和僵化。」[13]（王盈彬 譯）

　　看起來，情感強烈的焦慮被看到了，但是感覺是
被隔開，因此都比較可以直視了，就像是看著恐怖片，
把聲音關掉了，或是看著暴力血腥片，把顏色調成黑白
了。眼耳鼻舌的各種感官，獨立成為一個發出能量的
主體，聚集越多的共振，引發的整合性感受越強烈，
也因此可以激發的想法就越清晰，倒不是要想清楚而
已，而是感受滿意成為一種想法，這樣的想法變成了
避風港。

「然而，對於我們的理論而言，這種假設非
常重要──即，虛弱而未發展的人格不是通過
防禦，而是通過焦慮纏身的認同，以及透過威
脅性人物或侵略者的內攝（introjection），來

---

[13] Stern, D.B. (2006). Opening what has been Closed, Relaxing what has been Clenched: Dissociation and Enactment Over Time in Committed Relationships. Psychoanal. Dial., 16(6):747-761

應對突然的不愉悅。」[14]（王盈彬 譯）

　　這可以是一個被遺忘的空間，也可以是一個被誤會的空間，也可以是一個被排斥的空間，也可以是一個被暫存的空間，也可以是一個虛擬世界發展的開始空間。學會開會的幾次視訊會議，出現的這件怪事，同一個jitsi的帳號，卻錯入了另一個網路空間，一邊已經熱鬧的談起來，另一邊卻空蕩蕩的一個人都沒有，找尋這一個瞬間的遺落，是一個重要的任務。解離，讓彼此在不同的地方一樣的長大，未來還能在一起嗎？這是一個網路的黑洞嗎？

　　　「Friedman（1999）指出，網路創造了前所未有的互動可能性，但卻形成了『虛假的聯繫感和親密感……使我們免於建立關係所需的實際工作』（第177頁）。」[15]（王盈彬 譯）

　　這類個案很明顯地，在開始視訊治療後，治療雙方都感受到並且漸漸明白，原來之前在治療室現場的張力是如此的巨大，個案一進入現場，就是持續進行著避免被入侵的防衛，所有的語言呈現、空氣中的味道，空間中的擺

---

[14] Ferenczi, S. (1988). Confusion of Tongues Between Adults and the Child —The Language of Tenderness and of Passion . Contemp. Psychoanal., 24:196-206

[15] Steinberger, C.B. (2009). Cyberspace. Psychoanal. Rev., 96(1):129-144)

設，時鐘的滴答聲，都變成可能的攻擊和侵入，個案的所有回應，看似是一種語言的對話思考，原來底下都存在一種在預防被攻擊的極度防衛操作下的盾牌或回擊，沒有互動性或是淹沒式的恐懼，不知不覺地披上了心思語言的外衣，但是只是停留在行動化的層次。

> 「我可能會提醒您，患者對戲劇短語不會產生反應，而只會對真正的真誠同情作出反應。他們是通過語音的語調或顏色，還是通過我們使用的詞語或其他方式來識別真相，我無法分辨。」[16]（王盈彬 譯）

套句坊間的生活用語，「世界上最遠的距離，就是我在你眼前，卻無法說出我愛你」，這個無法說出，也許正是這個距離所呈現的張力氛圍，像是一種鋪天蓋地的電網，不得不讓人退避三舍。坊間有另外一句話，「生命會找到它的出路」，變形、扭曲、解離，都可能會是隨後的變化。物理距離沒有改變的情況下，只能採取精神內部的變化的處理。對比的是，當物理距離增加之後，精神內部的變化壓力降低，可以符合現實原則的透露或呈現，成為一種比較安全也合理的策略。就如同，被家暴個案的隔離

---

[16]Stern, D.B. (2006). Opening what has been Closed, Relaxing what has been Clenched: Dissociation and Enactment Over Time in Committed Relationships. Psychoanal. Dial., 16(6):747-761

策略，或被染疫病人的隔離策略，為了讓生理和精神的變形，存在一種共同分擔的架構下，一起存活。

> 「因此，我們不僅在程序上與變成潛意識的施虐者進行了認同，現在，從依附為導向的受害者立場，與施虐者建立了正向的依附關係，在意識中保留了『溫柔（tenderness）的情境』。但是這種溫柔的情境是錯覺的，因為在心靈的一個被解離性隔絕的部分中，在內在世界中，從依附觀點來看，那些無法被接受的信息和感覺，常常以令人恐懼的方式繼續存活。」[17]（王盈彬 譯）

　　哪一個部位的感受最為強烈，暗示著在解離的碎片中，強化或弱化的部位，沒有了氣味、溫度、距離的張力，只有語言文字被全然的傳遞，這一個國王，可以做些甚麼？有一些個案的經驗，當現場轉成線上，話變多了，空白變少了，彷彿用說話的量和充實，要來填補或捕捉現場的氣味、溫度和物理距離。也有一些個案，因為少了物理距離的感受張力，話變多了，也變自由了些。各種感受和語言之間，原來存在著競爭和合作的關係。

---

[17]Howell, E.F. (2014). Ferenczi's Concept of Identification with the Aggressor: Understanding Dissociative Structure with Interacting Victim and Abuser Self States. Am. J. Psychoanal., 74(1):48-59

「網路技術有屬於這種心理文化範式的部分。作為一種流行的『文化人工製品』，它可以作為尋求家庭外，人文和觀念途徑的青少年以安全地嘗試各種角色和自我定義，來提供促進生長的功能（Turkle，1984，1997）。另一方面，當被使用時，它可以作為規避精神內在解決的一種手段，例如，作為一種行動導向的逃脫，擺脫自我懷疑、困惑、憂鬱、和／或憤怒的痛苦狀態。」[18]（王盈彬 譯）

這樣的個案，會留戀於網路空間所提供的安全感，需要更多的時間與養分，來醞釀出，可以回到實體的空間。

「網路可以加入這些精神逃逸路徑。當被虛弱或失敗的自我所僱用時，它可以成為一種以行動為導向的庇護所，以管理覆沒性的本能和關係性的創傷。通過這種方式，網絡連接取代和／或補充了更多有利於成長的選擇。」[19]（王盈彬 譯）

---

[18] Steinberger, C.B. (2009). Cyberspace. Psychoanal. Rev., 96(1):129-144)

[19] Steinberger, C.B. (2009). Cyberspace. Psychoanal. Rev., 96(1):129-144)

　　當我們有了網路視訊的過渡性治療空間，回頭對照我們的現場治療，這個議題就浮現出來。到底我們和個案的接觸，是一開始進入了關係，然後出現的問題；或是一開始並沒有進入關係，而是嘗試性的點對點的接觸？有一種解離，是從整體開始，遇到了外力，於是整體破碎分裂，形成各種碎片；有一種解離，本來就是個別點的開始，當點對點越來越可以連結成一個面，整體就可以漸漸的被發現。前者像是一種退行，後者像是一種整合，但是我們都會看到解離的面向，只是方向相反，於是在這裡，大家也就可能可以想像，在技術層面上要如何的介入，才能對頻的與個案站在同一個平臺上。

　　「我和非我之間的（病態）解離，與好我和
　　壞我之間的（正常）解離，保持相同：通過
　　共演。但是因為我和非我的解離是連續的和
　　絕對的，而不是環境的和相對的，並且因為
　　一個人在世界上的基本安全感取決於維持這
　　些解離，所以產生於我和非之間的分離的共
　　演，與支持好我和壞我的解離的共演相比，
　　更加僵硬、更緊張、更緊迫，更不容易改變
　　或解決。」[20]（王盈彬 譯）

---

[20]Stern, D.B. (2006). Opening what has been Closed, Relaxing what has been Clenched: Dissociation and Enactment Over Time in Committed Relationships. Psychoanal. Dial., 16(6):747-761

結論

　　雖然本文的整理是以在疫情中，有些個案因此必須進行視訊網路分析治療的歷程中，所觀察與運作的情感面向的能量變化為主軸，來進行有關變形、分裂、解離的討論，但是我們也可以在同一個個案的治療歷程中，看到這些變化的交錯進行。甚至，也可以在一個治療片段的不同面向中，看到這樣的多元存在。

　　「在《精神分析季刊》的一篇文章中，Janine Lampl-de Groot (1981) 報告說，她被支持自我多重性的臨床證據的力量所說服，進一步提出了當時非同尋常的假設，即所有人都存在多重人格現象，這是心智功能的基本現象。不管人們是否同意她對術語的使用，我認為可以公平地說，現在越來越多的當代分析師分享了許多臨床觀察，導致她得出這一結論的——也就是說，即使在功能最健全的個體中，正常人格結構是由解離、以及潛抑和精神內在衝突所塑造的。在隨後的幾代人中，火炬傳遞給了開創性的人物，如Balint (1968)、Fairbairn (1944，1952)、Laing (1960)、Searles (1977)、Sullivan (1940，1953) 和Winnicott (1945，1949，1960，1971c)，在

他們自己的比喻中，每個人都將『自我多重性』現象，作為其作品的中心位置。事實上，Sullivan發表了這番言論，但並未廣為宣傳，『據我所知，每個人擁有的各種人格與其人際關係一樣多』（1950，p.221）。我覺得Winnicott在這方面的貢獻特別深遠。他不僅將初級解離本身概念化為一種精神分析現象，並且以直接將其帶入基本精神分析情境的方式對其進行了寫作（Winnicott，1949，1971c），而且我建議，我們現在將其表述為導致解離的病理性使用的心理『創傷』，是他所謂的『侵犯』的本質。儘管他沒有在意識的解離狀態方面具體闡述，但也許最重要的是他對真我和假我的看法（Winnicott，1960），它強調了精神結構中的非線性因素。」[21]（王盈彬 譯）

精神分析是一門研究潛意識的學問，然而表徵世界的多樣與豐富性，複雜了潛意識的探索，也讓潛意識的表徵舞台有更多的想像空間，隨著網路世界的繁盛，這樣的想像空間也更成為具體化的空間。這是精神分析面臨的挑戰，也是必須面對的變化，而彼此認識，會是一個永恆不

---

[21]Bromberg, P.M. (1996). Standing in the Spaces: The Multiplicity Of Self And The Psychoanalytic Relationship. Contemp. Psychoanal., 32:509-535

變的持續。

網路與精神分析

往 / 返 / 第二空間

作　　　者｜蔡文瑞、魏與晟、陳昌偉、王明智、王盈彬
執行編輯｜游雅玲
校　　稿｜葉翠香
封面設計｜楊啓巽
版面設計｜荷米斯廣告設計有限公司
印　　刷｜侑旅印刷事業股份有限公司

出　　版｜Utopie無境文化事業股份有限公司
地　　址｜802高雄市苓雅區中正一路120號7樓之1
電　　話｜07-3987336
E‑m a i l｜edition.utopie@gmail.com

一版一刷｜2022 年 9 月
I S B N｜978-626-96091-4-7
定　　價｜360 元

國家圖書館出版品預行編目(CIP)資料

往/返/第二空間：網路與精神分析/蔡文瑞.魏與晟.陳昌偉.王明智,王盈彬作.-- 一版.--
高雄市：無境文化事業股份有限公司, 2022.09 面 ；公分. ISBN 978-626-96091-4-7(平裝)
1.CST：精神分析 2.CST：網路使用行為 175.7 111011300